三字經

崇賢書院 釋譯

序 言

　　古代巾箱本指中国古时刻印开本极小、可以装在巾箱里的书本。《北堂书钞》卷一三五"王母巾箱"条引《汉武内传》,说"帝见王母巾箱中有一卷小书,盛以紫锦之囊"。这里所说的"巾箱"即是古人放置头巾的小箱,而可放入随身携带巾箱中的袖珍版小书,即称巾箱本。巾箱本,具有这种袖珍样式并便携的特点。因其被置于巾箱中,则见巾箱本并非主人仅限于书房阅览,而更可于闲暇休憩间随手翻阅品读的小书。亦可能是主人极为珍视、须臾不可离的珍爱之作。

　　清乾隆十一年,乾隆皇帝亦曾下令将武英殿刻经史所留余材,模仿古人巾箱本样式,刻成所谓"古香斋袖珍书"系列,为世所称。

　　今时今日,崇贤馆欲以巾箱本形式,整理出版一批颇具价值的古藏本。立意是将古书形制之美传达今世,其内涵精神即可为今人所用。现代习惯于西方阅读方式的读者,则通过崇贤馆巾箱本系列,就能对中国传统文化的精致与情韵有亲切的感悟与感动。

　　崇贤馆巾箱本,从古刻本筛选方面,集多年心

序言

血寻访海内外博物馆、藏书楼与藏书家,今日已有可观之积累。又择其中版本精美完整、刻字疏密有致之作。涵盖自宋至民国时期的刻本、影印本、铅印本、拓本等,可谓是集览古籍善本中甚为精美、极具有欣赏价值的版本。崇贤馆巾箱本主旨崇尚古风,印刷时均谨慎缩印为巾箱本大小,依旧以"中国书"最传统淳朴的宣纸、线订等手工艺装帧,彰显古书最原始自然的风貌。

同时,为了读者在鉴赏中国古书形制美之余,亦不忘"书备而不读如废纸"的宗旨。崇贤馆精心策划,特为每套巾箱本附一册简体通解本,附有原文、注释、译文、赏析等功能板块设计,方便读者在珍赏之外,不忘传承古今的精神内涵,更显示此套巾箱本之特色。

三字經

> 人之初，性本善。
> 性相近，习相远。

〔译文〕

　　人出生之初，禀性本来都是善良的。天性也都相差不多，只是后天所处的环境不同和所受教育的不同，彼此的习性才形成了巨大的差别。

〔历史故事〕

周处杀蛟

　　晋朝时有个叫周处的人，从小父母双亡，无人管教；长大后，身材魁梧，武艺高强，但横行霸道，大家都很讨厌他，把他和蛟龙、白额虎并称为"三害"。一天，有个人想了个办法，让周处去杀另外两个蛟龙和白额虎，这样至少可以除掉两害。第二天，周处果然提着宝剑上山杀死了白额虎。第三天，周处又拿着宝剑下河与蛟龙搏斗。大战三天三夜后,浊浪滔天的大河忽然平静了,周处和蛟龙都不见了。大家以为三害都死了,于是奔走相告,大肆庆祝。这时爬上岸来的周处,看到人们这么高兴,心想:我为村里除了祸害,为什么大家还希望我死呢?想了好久,才终于明白,自己也是人们眼中的一害。从此,周处痛改前非,经常帮助需要帮助的人。人们常说,三害全都没有了。

苟不教，性乃迁。
教之道，贵以专。

〔译文〕

如果对孩子不严加教育，孩子善良的禀性就会改变。教诲一个人按照本性发展的方法，贵在教导他专心致志，始终不懈。

〔历史故事〕

教子的区别

南朝时，大司马王僧辩的母亲魏老夫人为人非常严谨方正；王僧辩是三千士卒的统领，年过四十，但稍做的不对，老夫人还用棍棒教训他。在这种严教下，王僧辩才能成就功业。梁元帝在位的时候，有一位学士，从小被父亲宠爱。他若一句话说得好，他父亲就到处宣扬；他若一件事有闪失，他父亲就为他百般遮掩粉饰。学士长大以后，凶暴傲慢的习气一天赛过一天，最终因说话不检点被杀。

三字經

昔孟母,择邻处(chǔ)。
子不学,断机杼(zhù)。

〔译文〕

从前,孟子的母亲为了让孟子能在一个良好的环境中成长,曾三次搬家。孟子不努力学习,孟母生气地割断了正在织布的纱线,以此来教诫孟子只有日积月累地学习,方能进益。

〔历史故事〕

孟母三迁

在孟子很小的时候,母亲带着他居住在墓地的旁边,孟子和邻居家的小朋友一起做游戏,他们经常玩的一个游戏就是"举行葬礼",学着大人的样子啼哭、跪拜。孟母认为,在这样的地方孟子不会学到有用的知识。于是,就带着孟子搬到了热闹的集市附近去住。在这里,孟子经常学着那

三字經

孟母斷機杼

些做小买卖的人的样子,高声叫卖,拉拢客人。孟母认为,这个地方也不适合孟子,就又一次带着孟子搬了家。这次他们住到了学校附近,孟子开始跟着学校的老师学习知识和礼术,孟母认为这个地方很好,于是就在学校附近长住处了下来。

> 窦燕山，有义方。
> 教五子，名俱扬。

〔译文〕

五代窦禹钧教育孩子有良好的方法。他所教育的五个儿子，都一举成名，美名远扬。

〔历史故事〕

窦氏五龙

五代时，燕山一带有个人，名叫窦禹钧。他年轻时经常做坏事，一直到了三十岁，还没有后代。一天晚上，他梦见祖父和父亲对他说："因为你坏事做得太多，所以上天惩罚你没有儿子。"从此窦禹钧不再做坏事，总是热心帮助别人，而且生活非常节俭。后来他生了五个儿子，他就用美好的品德和严格的教育来培养他们，这五个儿子也都考中了进士。窦禹钧和他的五个儿子因此而家喻户晓，并被人们传诵至今。

养不教,父之过。
教不严,师之惰。

〔译文〕

生养了子女却不加以教诲,这是做父亲的过错。教育学生却不严格要求,这是做老师的懒惰。

〔历史故事〕

纪昌学射箭

甘蝇是古时候的一位射箭能手,只要看到过甘蝇射箭的人,没有一个不称赞他的射技的。于是,纪昌便拜甘蝇为师,学习射箭。甘蝇对纪昌的要求十分严格,先要求他对着织布机上来回飞动的梭子练习不眨眼,又要求他盯着牦牛毛里的小虱子练习眼力。整整五年过去后,纪昌终于练得了一手好射技。后来,纪昌的射箭技艺又超过了老师。

> 子不学,非所宜。
> 幼不学,老何为?

〔译文〕

小孩子不努力学习,这是很不应该的。如果一个人在小的时候不读书学习,那么到老的时候还能有什么作为呢?

〔历史故事〕

铁杵磨针

传说李白在山中读书的时候,没有完成好自己的学业,就放弃学习离开了。他路过一条小溪时,遇见一位老妇人,她正在那里磨一根铁棒。李白感到奇怪,就问这位老妇人在干什么。老妇人说:"我在把这根铁棒磨成针啊!"李白被她精诚专致的行为感动,便返回去完成学业。那位老妇人自称姓武,现在那条小溪边还有一块武氏岩。

三字經

玉不琢，不成器。
人不学，不知义。

〔译文〕

美玉如果不经过玉工的打磨雕刻，就不可能变成精美的玉器。一个人如果不努力读书学习，就不会懂得知识和道理。

〔历史故事〕

伤方仲永

方仲永，北宋人，世代耕种为生。他到了五岁，都没有接触过笔墨纸砚。一天，仲永哭着要这些东西，他的父亲从邻居家借来笔墨纸砚给他，仲永立刻写下四句诗，并且题上了自己的名字，一时引得全乡人都来观赏。从此，凡是指定让他作诗，他都能立即写好，诗的道理和内容也都有值得称道的地方。同乡的人都为此感到惊奇，把他的父亲当作贵宾一样招待，甚至有人花钱请方仲永写诗。他的父亲认为这样有利可图,就每天拉着仲永四处拜访乡亲四邻,而不让他学习。等到方仲永十二三岁时,他的诗已经大不如从前了。又过了七八年,仲永的才华已经消尽,完全退化成普通人了。

为人子，方少时，
亲师友，习礼仪。

〔译文〕

为人子弟，当少年之时，应当亲近明师，交结贤友，讲习礼仪。

〔历史故事〕

程门立雪

宋代学者杨时和游酢原先以程颢为师，程颢去世后，他们都已年过四十，考中进士，然而他们还要去找程颐继续求学。两人到了程颐家的小院后，得知程颐正在午睡，便恭恭敬敬地站在门外等候。当时正值隆冬季节，阴沉的天下起了鹅毛大雪，没多久，两人的脸上和身上就积了厚厚的一层雪。等程颐午睡醒来，得知两人一直在门外等候，十分惊讶，忙让童子请他们进来。程颐被这两个人的求学精神和尊敬师长的品德打动，尽心尽力地教导他们。

香九龄,能温席。
孝于亲,所当执。

〔译文〕

黄香九岁的时候就懂得孝顺父亲,在冬天严寒之时用自己的身体将父母的枕席温暖后再请父母安寝。孝敬亲人,就应当向黄香学习。

〔历史故事〕

王祥卧鱼

古时候,有个叫王祥的人,在他很小的时候,他的妈妈就去世了。爸爸又给他找了一个新妈妈,新妈妈不喜欢他,但是王祥却非常听新妈妈的话,无论新妈妈让他做什么事情,他都会尽力做好,非常孝敬她。有一年冬天,新妈妈生病了,对王祥说:"妈妈现在想吃河里的鲤鱼,喝了鲤鱼汤,妈妈的病就会好些。"但是,当时外面正下着大雪，河面冻上了一层厚厚的冰，上哪里去找鲤鱼呢？王祥想了想，踏着河面的冰雪，来到了河中央。他脱下自己的衣服，趴在了冰面上。寒冷的北风吹到王祥身上，冻得他直哆嗦，但他仍然咬着牙坚持。这时候，冰面忽然裂开了，两条大鲤鱼从河水里蹦了出来。王祥十分高兴，连忙抱着鲤鱼跑回家，给新妈妈做了一锅热气腾腾的鱼汤。新妈妈吃了王祥做的鱼汤，病果然好了。从此，新妈妈对王祥的态度就变得越来越好。

融四岁，能让梨，
弟于长，宜先知。

〔译文〕

孔融四岁的时候，就能够把大的梨子让给兄长，弟弟要尊敬兄长，这个道理应当趁早知道。

〔历史故事〕

孔融让梨

汉代孔融有五个哥哥和一个弟弟。孔融四岁时，有一天家里吃梨。一盘梨子放在大家面前，哥哥让弟弟先拿。孔融不挑好的，不拣大的，只拿了一个最小的。爸爸看见了，心里很高兴：别看这孩子才四岁，还真懂事呢！就故意问孔融："这么多的梨，又让你先拿，你为什么不拿大的，只拿一个最小的呢？"孔融回答说："我年纪小，应该拿个最小的，大的留给哥哥们吃。"父亲又问:"你还有个弟弟呢,弟弟不是比你还要小吗?"孔融说:"我比弟弟年纪大,我是哥哥,我应该把大的梨留给弟弟吃。"父亲听了,哈哈大笑起来:"好孩子,好孩子,真是一个懂事的好孩子。"孔融四岁时就知道把大的梨让给哥哥、弟弟吃,这种尊敬兄长、爱护弟弟的美德,是每个人从小都应该学习的。

首孝悌，次见闻，知某数，识某文。

〔译文〕

人生的首务是孝敬父母、尊敬兄长，其次才是多见天下之事，多闻古今之理，知道十百千万之数，了解古今圣贤之事。

〔历史故事〕

涤亲溺器

黄山谷是二十四孝子之一，他自小侍奉父母，无微不至。因为母亲有洁癖，受不了马桶的异味，所以他从小就每天亲自倾倒并清洗母亲所使用的马桶，数十年如一日。长大后他成了朝中显贵，但也没有停止亲自侍奉母亲。当母亲病危的时候，黄山谷更是日夜侍奉在病榻前，亲自浅尝汤药。所以，苏东坡赞叹黄山谷"瑰伟之文，妙绝当世；孝友之行，追配古人"。

一而十,十而百,
百而千,千而万。

〔译文〕

数字从一开始,十个一为十,十个十为百,十个百为千,十个千为万。

〔历史故事〕

曹植与七步诗

曹植是曹操的第四个儿子,从小就才华出众,很受父亲的疼爱。曹操死后,他的哥哥曹丕当上了魏国的皇帝。曹丕想责难曹植,曹熊因为害怕,自杀了,而曹植则被押进朝廷。母亲卞氏开口求情,曹丕勉强给了曹植一个机会,让他在七步之内作成一首诗,否则杀无赦。曹植就作了一首《七步诗》:"煮豆持作羹,漉菽以为汁。萁在釜下燃,豆在釜中泣。本自同根生,相煎何太急?"曹丕明白了曹植这首诗里的道理,于是便放了曹植。

三字經

> 三才者,天地人,
> 三光者,日月星。

〔译文〕

古书上所说的三才,是指天、地、人,古书上所说的三光,是指太阳、月亮和星星。

〔历史故事〕

东坡接对

北宋神宗年间,苏轼担任翰林学士的职务。一次,北方的辽国派人出使宋朝,苏轼奉命接待。辽国使者早就听说苏轼的学问很高,便想难为他一下,便给苏轼出了一个上联:"三光日月星",然后等着看苏轼的笑话。因为上联中有一个"三"字,后面直接跟着日、月、星三个字,按照对对联的要求,下联是不能再出现数字"三",无论用什么数字,要么比三大,要么比三小,这样就无法使对联对得工整。辽国使者本以为会难倒苏轼,没想到苏轼立即对出了一个下联:"四诗风雅颂"。算来,《诗经》虽然分为风、雅、颂三部分,但"雅"这一部分又被分为大雅、小雅两个部分,所以可称为"四诗"。辽国使者一看苏轼竟然如此轻松地对出了下联,禁不住对他连声称赞。

> 三纲者：君臣义，
> 父子亲，夫妇顺。

〔译文〕

古书上所说的三纲，是指君臣之间有忠爱之意，臣子要服从国君；父子之间有天性之亲，子女要服从父母；夫妇之间有和顺之义，妻子要服从丈夫。

〔历史故事〕

举案齐眉

东汉的梁鸿是一个很有学问的人，他与同县一个名叫孟光的女子结为夫妻。他夫妻之间非常和睦，共同劳动，互助互爱，彼此相敬如宾。每当丈夫梁鸿回家时，妻子孟光就托着放有饭菜的盘子，恭恭敬敬地送到丈夫面前。而为了表示对丈夫的尊敬，孟光总是把托盘举高至自己的额头，丈夫也总是彬彬有礼地用双手接过盘子。

曰春夏，曰秋冬，
此四时，运不穷。

〔译文〕

春天、夏天、秋天、冬天是一年的四个季节，这四个季节循环交替，运行不止，无穷无尽。

〔历史故事〕

中国古代计时器

古时候，人们常利用太阳的射影长短和方向来判断时间，前者称为圭表，用来测量日中时间、定四季和辨方位；后者称为日晷，用来测量时间。二者统称为太阳钟。其中，圭表是我国创制最古老一种天文仪器。但是，圭表等太阳钟在阴天或夜间就失去效用。于是，人们又发明了漏壶、沙漏、油灯钟等计时仪器。

曰南北，曰西东，
此四方，应乎中。

〔译文〕

南方、北方、西方、东方是四面的方位，这四个方位都是与中央点相对应而确定的。

〔历史故事〕

四面楚歌

公元前202年，刘邦与韩信、彭越、刘贾会合兵力追击正在向东开往彭城（今江苏徐州）的项羽部队，打算趁项羽部队衰弱的时候消灭掉他们。经过几回合激烈的战斗，最终韩信使用十面埋伏的计策，布置了几层兵力，把项羽紧紧围在垓下（今安徽灵璧）。这时，项羽手下的士兵已经很少，也没有了粮食。夜间听见四面围住他的军队都唱起楚地的民歌，项羽不禁非常吃惊地说："刘邦已经得到楚地了吗？为什么他的部队里面楚人这么多呢?"项羽心里已丧失了斗志,便在营帐里面喝酒,以酒解忧,自己吟了一首诗曰:"力拔山兮气盖世,时不利兮骓不逝,骓不逝兮可奈何,虞兮虞兮奈若何。"意思是:"力量能搬动大山啊,气势能超压当世!时势对我不利啊,骏马不能奔驰!骏马不能奔驰啊,如何是好!虞姬虞姬啊,我该怎样安排你!"项羽最宠爱的妃子虞姬也与他一同唱和。唱完,虞姬自刎于项羽的马前。项羽英雄末路,带了八百余名骑士突围,但最终只剩下二十八人,他感到无颜再见江东父老,便自刎于江边。此后,刘邦便独揽天下。

曰水火，木金土，
此五行，本乎数。

〔译文〕

水、火、木、金、土就是五行，它是万事万物的根本，是由天理所决定的。

〔历史故事〕

扁鹊见蔡桓公

战国时的一天，医生扁鹊进见蔡桓公。站了一会儿，扁鹊说："您的皮肤纹理间有小病，不医治的话，恐怕要厉害了。"蔡桓公说："我没有病。"扁鹊走后，蔡桓公说："医生总是这样，喜欢给没病的人治病，以此作为自己的功劳！"过了十天扁鹊又去进见，对蔡桓公说："您的病已经到了肌肉里，不医治的话会更加严重。"蔡桓公干脆不理睬。又过了十天，扁鹊再去进见，对蔡桓公说："您的病已经到了肠胃，不医治的话，会深入下去。"蔡桓公还是不理睬。又过了十天，扁鹊远远望见蔡桓公，转身就跑。蔡桓公特地派人去问他为何。扁鹊说："病在表皮，用药物热敷就能够治疗；病在肌肤里，用针灸能够治疗；病在肠胃里，用汤药能够治疗；病在骨髓里，那是要命的事了，医生已经没办法了。现在他的病在骨髓里，所以我不再过问了。"过了没几天，蔡桓公浑身疼痛，派人寻找扁鹊，扁鹊已经逃到秦国去了。而蔡桓公不久就病死了。

曰仁义，礼智信，
此五常，不容紊。

〔译文〕

仁、义、礼、智、信是做人的五条准则，这五条准则要遵守，不容许疏忽紊乱。

〔历史故事〕

刘宽宽人

东汉人刘宽，为人诚恳，很有涵养。有一次，他乘牛车外出，突然有一个人把刘宽的牛错认为自家的牛。刘宽便把牛留给那个人，自己徒步回家。过了一会儿，那个人亲自把牛还给刘宽并叩头谢罪说："我的牛已经找到了，我任凭您处置。"刘宽不但没生气，还和颜悦色地说道："世间有那么多相似的物品，看错也是不可避免的，而且你还亲自把牛送了回来，何罪之有呢？"人们听说这件事都很佩服刘宽。

稻粱菽,麦黍稷,
此六谷,人所食。

〔译文〕

稻、粱、菽、麦、黍、稷是六种粮食,它们是人类的主要食物。

〔历史故事〕

四体不勤,五谷不分

孔子六十多岁的时候周游列国,希望得到一国诸侯的聘请。孔子带着子路等学生到处奔波,旅途十分辛苦。有一天,他们在山野行走,子路跟在后面,掉了队。这时天色将黑,子路正在着急,恰好遇见一个老农在田间锄草,便问道:"请问你看见我的老师了吗?"老农向子路望了一眼,冷冷地说:"四体不勤,五谷不分,哪里配称什么老师!"子路自己也觉得太冒失,便恭恭敬敬地站在一旁,半天不说话。老农见子路谦虚知礼,便邀请到他家去歇宿,并杀了鸡、煮好小米饭,竭诚款待,还叫他的两个儿子出来同客人相见。第二天,子路赶上孔子,把这件事对孔子讲了。孔子说:"这一定是个有修养的隐士。"孔子想跟他交谈,叫子路立刻回去找他。可老人家已经不在家,没法找到他了。

三字經

马牛羊，鸡犬豕(shǐ)，
此六畜，人所饲。

〔译文〕

马、牛、羊、鸡、犬、猪是六畜，是人类饲养的家畜。

〔历史故事〕

以羊易牛

齐宣王坐在庙堂之上，看到有人牵着一头牛从堂前经过，便问："要把牛牵到哪里去啊？"牵牛的人回答："要用牛去祭钟。"齐宣王说："放了它吧！我不忍心看到它面对死亡时那种因为恐惧而发抖的样子，它明明没有罪过却要走向死亡。"牵牛的人问道："既然这样，那么是不是就要废除祭钟的仪式呢？"齐宣王说："怎么能废除呢？就用羊来代替吧！"

曰喜怒,曰哀惧,
爱恶欲,七情具。

〔译文〕

高兴、生气、忧伤、害怕、倾慕、憎恶、欲念是人类具有的与生俱来的七种感情。

〔历史故事〕

杯弓蛇影

乐广有一位亲密的朋友,分别很久不见再来。问他原因,友人告诉说:"前些日子我来你家做客,承蒙你的厚意,正端起酒杯要喝酒的时候,仿佛看见杯中有一条'小蛇'在晃动。我心里虽然十分厌恶,可还是喝了那杯酒。回到家就患了重病。"当时乐广家厅堂的墙壁上挂着一张角弓,用漆在弓上画了蛇。乐广心想,杯中所谓的"小蛇"无疑是角弓的影子了。于是,他便在原来的地方再次请那位朋友饮酒。问道:

三字經

杯弓蛇影

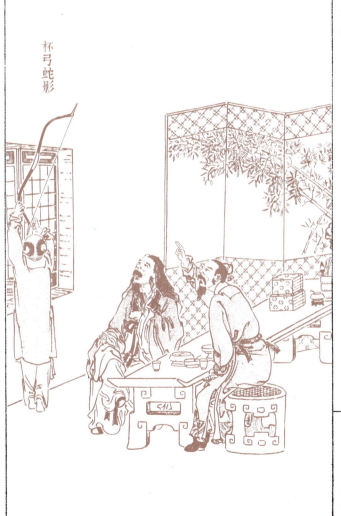

"今天的杯中还能看到'小蛇'吗?"朋友回答说:"所看到的跟上次一模一样。"乐广指着墙壁上的角弓,向朋友说明了原因,客人恍然大悟,积久难愈的重病一下子便好了。

匏(páo)土革，木石金，
丝与竹，乃八音。

〔译文〕

用匏、土、皮革、木头、石头、金属、丝、竹这八种材料为主要原料制成的八种乐器，称为八音，是乐器的总称。

〔历史故事〕

高山流水

春秋时期，俞伯牙擅长于弹奏琴弦，钟子期擅长于听音辨意。有一次，俞伯牙来到泰山北面游览，恰巧遇到了暴雨，只好滞留在岩石之下。由于心里寂寞忧伤，便拿出随身携带的古琴弹了起来。此时，樵夫钟子期也在临近的一丛野菊后避雨，便忍不住高声叫好。俞伯牙听到赞语，赶紧起身和钟子期打招呼，然后又继续弹了起来。俞伯牙凝神于高山，赋意在曲调之中,钟子期在一旁听后频频点头:"好啊,真像是一座高峻的山啊!"俞伯牙又沉思于流水,隐情在旋律之外,钟子期听后,又在一旁击掌称绝:"妙啊,就如同江河奔流一样呀!"俞伯牙每奏一支琴曲,钟子期都能听出它的情趣,这使得俞伯牙惊喜异常。他放下了琴,叹息着说:"您所说的跟我心里想的真是完全一样!"二人于是结为知音,并约好第二年再相会论琴。可是第二年俞伯牙来会钟子期时,钟子期已经因病去世了。俞伯牙十分伤心,就摔了从不离身的古琴,从此不再抚弦弹奏,以谢平生难得的知音。

高曾祖，父而身，
身而子，子而孙。

〔译文〕

由高祖父生曾祖父，曾祖父生祖父，祖父生父亲，父亲生我，我生儿子，儿子再生孙子。

〔历史故事〕

愚公移山

传说很久以前，在冀州以南、河阳以北有两座大山，一座是太行山，一座是王屋山，山势雄伟，方圆七百余里。在山的北面，住着一个叫愚公的老汉，头发胡须都已经白了。他家的大门，正好面对着这两座大山，出门办事每次都要绕好远的山路才行，非常不方便。愚公很是烦恼，他下决心要带领着全家老小，把这两座大山挖平。于是他们就开始一起干，挖下了泥土石块，他们就运到渤海边上去扔掉。他们干得非常投入，一年四季很少回家休息。在黄河边上也住着一个老汉，因为他很精明，大家称呼他智叟。智叟劝愚公说："你这个人可真傻，这么大岁数了，还能活几天？怎么可能搬动这么大的两座山呢？"愚公回答说："我看你呀，比我还傻呢！不错，我是老了，活不了几年了，可我死了还有儿子，儿子死了还有孙子，孙子又会生儿子，子子孙孙是没有穷尽的，可这两座山却不会增高了，我们总有一天会把它们挖平的！"

自子孙，至玄曾，
乃九族，人之伦。

〔译文〕

高祖父、曾祖父、祖父、父亲、自己、儿子、孙子、曾孙、玄孙，称为九族，表示亲族之间的亲疏远近、尊卑老幼关系。

〔历史故事〕

杀狗劝夫

孙华、孙荣是兄弟俩，父母双亡。孙华是个纨绔子弟，与无赖柳龙卿、胡子传结为酒肉朋友，终日在外面吃喝玩乐。其弟孙荣知书识礼，见兄长不思上进，便屡加劝谏。因柳、胡二人从中挑拨，孙华不仅不听劝谏，反而将孙荣逐出家门。孙荣无奈，只得在破窑内安身。孙华妻子杨月真贤淑聪慧，见丈夫听信柳、胡二人，执迷不悟，便想出一条计策，向邻居买来一只狗，杀死后穿上人的衣服，假作人尸，放在后门口。待孙华半夜酒醉回家时，发现了死狗，以为是死人，恐惹人命官司，便去找柳、胡来帮忙，将"人尸"移到别处掩埋。而柳、胡都不肯帮忙，让孙华去找兄弟孙荣帮助。孙荣念兄弟手足之情，不计前嫌，欣然帮助哥哥将"人尸"搬到别处处理。柳、胡二人不但不肯帮忙，反而去官府告发孙华杀人移尸。这时杨月真说明杀狗劝夫的真相，经官府勘验，果然是一条死狗，案情大白。孙华也终于看清了柳、胡二人的真面目，悔悟自己的错误，终与孙荣和好。

父子恩，夫妇从。
兄则友，弟则恭。

〔译文〕

儿子要报答父母的恩情，妻子要顺从自己的丈夫。哥哥对弟弟要友爱，弟弟对哥哥要恭敬。

〔历史故事〕

陆绩怀橘

陆绩六岁时，随父亲陆康到九江谒见袁术。袁术拿出橘子招待，陆绩往怀里藏了两个橘子。临行时，橘子滚落到地上，袁术嘲笑道："陆郎来我家做客，走的时候还要怀藏主人的橘子吗？"陆绩回答说："母亲喜欢吃橘子，我想拿回去送给母亲尝尝。"袁术见陆绩小小年纪就懂得孝顺，十分惊奇。

懷桔遺親

长幼序,友与朋。
君则敬,臣则忠。
此十义,人所同。

〔译文〕

　　长辈和晚辈之间要注意尊卑的次序,朋友之间要注意守信用和讲义气。君主对臣子要敬重,臣子对君主要忠诚。这十种大义,人们都应当共同遵守。

〔历史故事〕

管宁割席

　　东汉末年,有两个人,一个叫管宁,一个叫华歆。有一天,他俩在一起锄地,忽然发现土里有一小片金属。管宁只当没看到它,仍然一个劲儿地锄地。但华歆却拿起那片金属研究了半天,玩够了才丢掉。还有一次,管宁和华歆同坐在一块席子上读书,忽然门外很热闹,好像是有人在办喜事。管宁没有理会，只是专心读自己的书，而华歆却急忙跑出去看热闹，等他回来后，管宁已把席子割成了两半，说道："你不是我的朋友！"

三字經

凡训蒙，须讲究，
详训诂(gǔ)，明句读(dòu)。

〔译文〕

凡是教诲小孩读书，必须讲解义理，考究事实，既要详细解释字词意义，又要说明应在何处停顿断句。

〔历史故事〕

句读的重要

有一个穷秀才，天天吃不饱，所以总去各处找饭吃。他有个朋友很富裕，每当这个富朋友家要开饭时，穷秀才就会去蹭饭，而且还编出各种理由，让朋友留他吃饭。有一天，秀才又来"拜访"友人。友人实在想不出什么理由让他离开，就打算看看情形再说。这时，天突然下起雨来，富朋友想了想，就写了一张纸条：下雨天留客天留人不留。（古时候写字，没有标点符号。)白话意为:下雨天就要留客?天留你,但我不留你。然后就留下纸条回房间了,心想:看到纸条,你应该就不好意思留下来了吧。可是过了一会儿,富朋友回来时,秀才还待在那儿。富朋友就问他:"你怎么还在这儿?"秀才指着纸条说:"是你叫我留下的啊!这上面写着:'下雨天,留客天,留人不?留!'你都这么客气了,我还好意思走吗?"那富朋友差点气晕过去。

> 为学者，必有初，
> 小学终，至四书。

[译文]

致力于读书学习的人，必定有一个开头，学习完宋人朱熹编写的《小学》后，再学习《论语》《孟子》《大学》《中庸》这四部书。

[历史故事]

欲速则不达

子夏比孔子小四十四岁，是孔子后期学生中的佼佼者。他才思敏捷，文学素养很高，经常得到孔子的称赞。有一年，子夏因为才能出众，被派到莒父（当时鲁国的一个县，大概位于山东省莒县境内）去做地方官。临走之前，他专门去拜望孔子，向老师请教说："请问老师，怎样才能治理好一个地方呢？"孔子十分热情地对子夏说："治理地方，是一件十分复杂的事。可是，只要抓住了根本，也就简单了。"孔子向子夏交代了应注意的一些事后，再三嘱咐说："无欲速，无见小利。欲速，则不达；见小利，则大事不成。"意思是，做事不要单纯追求速度，不要贪图小利。单纯追求速度，不讲效果，反而达不到目的；而只顾眼前小利，不讲长远利益，那就什么大事也做不成。子夏深深鞠躬，说道："谢谢老师的教导，我一定按照老师的教导去做。"然后告别了孔子，到莒父上任去了。

三字經

《论语》者,二十篇,群弟子,记善言。

[译文]

《论语》这部书,共有二十篇,是孔子的弟子们记载的有关孔子一生的嘉言高论。

[历史故事]

曾子杀猪

有一次,曾子的妻子到集市上去,他的儿子哭闹着要跟着去。曾子的妻子就对儿子说:"你先回家,待会儿我回来杀猪给你吃。"妻子刚从集市上回来,就看到曾子要捉猪去杀。她劝止说:"我只不过是跟孩子开个玩笑罢了。"曾子说:"不能和小孩子开这种玩笑啊!你现在不遵守承诺,他就会认为你在欺骗他,以后就再也不会相信父母了。"于是曾子就杀猪煮肉给孩子吃了。

《孟子》者,七篇止,讲道德,说仁义。

〔译文〕

《孟子》这部书,一共有七篇,其核心内容是宣扬道德和仁义。

〔历史故事〕

五十步笑百步

战国时代,战争连年,老百姓痛苦不堪。孟子决定周游列国,去劝说那些好战的君主。孟子来到梁国,去见了好战的梁惠王。梁惠王对孟子说:"我费心竭力治国,又爱护百姓,却不见百姓增多,这是什么原因呢?"孟子回答说:"让我拿打仗作个比喻吧!双方军队在战场上相遇,免不了要进行一场厮杀。厮杀的结果是,打败的一方免不了会弃盔丢甲,飞奔逃命。假如一个兵士跑得慢,只跑了五十步,却去嘲笑跑了一百步的兵士是贪生怕死。"孟子问梁惠王:"这对不对?"梁惠王立即说:"当然不对!"孟子说:"你虽然爱百姓,可你喜欢打仗,百姓就要遭殃。这与五十步是同样的道理。"

作《中庸》，子思笔。
中不偏，庸不易。

〔译文〕

著述《中庸》这篇文章的是孔子的孙子子思。"中庸"的意思是待人接物要至公至平、至真至正、无太过、无不及。

〔历史故事〕

过犹不及

楚国有一群人争喝一壶酒，大家都各不相让。有人想出了一个办法：大家同时在地上各画一条蛇，谁先画完，谁就喝酒。大家觉得这个方法很有趣，也是公平竞争，就都同意了。比赛开始了，一个人很快就把蛇画完了，他沾沾自喜地拿过酒壶，准备喝个痛快。但为了显示自己的能干，他放下酒壶，给蛇添了四只脚。恰巧这时，另一个人也画完了蛇。那个人把酒壶抢了过去说:"蛇是没有脚的,有脚的不是蛇。你画的不是蛇,我才是第一个画完的,这壶酒该我喝。"大家也都赞成这种说法,画蛇添足的人只好认输,他后悔莫及,懊恼万分。

作《大学》,乃曾子。
自修齐,至平治。

〔译文〕

著述《大学》这篇文章的,是孔子的学生曾参。文章的内容是论述怎样提高自身道德修养、管理家庭乃至治理国家的方法和道理。

〔历史故事〕

曾参不受鲁君邑

鲁国的国君要封给曾子一块地,曾子坚决不接受。再送来,曾子还是不受。使者问:"你为什么不接受呢?"曾子说:"接受别人馈赠的人,就会害怕得罪馈赠者;给了人家东西的人,就会对接受东西的人显露出骄傲的表情。就算国君赏赐我土地的时候不对我显露一点骄傲的表情,我也会害怕得罪他的。"孔子得知这件事情后就表扬曾子,说:"你保全了自己的节操啊!"

《孝经》通，四书熟，
如六经，始可读。

〔译文〕

读通了孔子著述的《孝经》，读熟了"四书"，才能读像"六经"这样深奥的书。

〔历史故事〕

黄香温席

汉代有一个孩子叫黄香，他是江夏人。黄香九岁的时候，母亲就去世了，这时他已经懂得孝顺父母的道理了，所以在悲伤之余，对父亲就更加孝顺了。每到夏天的时候，天气非常炎热，而且蚊虫也非常多。当晚上大人们都在外面乘凉的时候，黄香就拿着扇子给父亲的蚊帐扇风，这样父亲的席子和枕头就会凉快一点，蚊虫也会被赶走，父亲就能睡得安稳了。到了冬天的时候，天气非常寒冷，黄香家里没有能够

三字經

扇枕溫衾

取暖的东西，为了不让父亲在睡觉的时候受冻，他就早早给父亲铺好被，然后脱了衣服钻到父亲的被窝里，用自己的体温把被子焐暖，之后才招呼父亲睡觉，这样父亲就不会冻得睡不着了。黄香的这些事迹很快就传到了京城，人们纷纷称赞他是"天下无双，江夏黄香"。

《诗》《书》《易》,
《礼》《春秋》,
号六经,当讲求。

〔译文〕

《诗经》《尚书》《易经》《礼记》《周礼》《戴礼》《春秋》号称"六经",应当认真研究阅读。

〔历史故事〕

以德报怨

舜是五帝之一,相传他的父亲瞽叟和继母以及同父异母的弟弟象,多次想害死他:让舜修补谷仓仓顶时,在谷仓下纵火,舜手持两个斗笠跳下逃脱;让舜掘井时,瞽叟与象却下土填井,舜掘地道逃脱。事后舜毫不忌恨,仍对父亲恭顺,对弟弟慈爱。他的孝行感动了天帝。舜在厉山耕种,大象替他耕地,鸟儿代他锄草。帝尧听说舜非常孝顺，有处理政事的才干，把两个女儿娥皇和女英嫁给他；经过多年观察和考验，选定舜做他的继承人。舜登天子之位后，去看望父亲，仍然恭恭敬敬，并封弟弟象为诸侯，可谓是以德报怨。

有《连山》,有《归藏》,
有《周易》,三易详。

〔译文〕

"三易"包括《连山》《归藏》和《周易》。

〔历史故事〕

孔子读《周易》

孔子晚年的时候,曾经下了很大力气学习《周易》,他的学生看到以后,感觉很奇怪,就问孔子:"老师,您也相信算命这件事吗?"孔子说:"我看《周易》,并不是看它迷信的那一部分,而是看它讲道理的部分。"从孔子对待《周易》的态度中,我们可以联想到:在生活中,即使是一个表面看来缺点很多的人也是有优点的,所以我们要重视他的优点,帮助他改正缺点。

有典谟,有训诰,
有誓命,《书》之奥。

〔译文〕

《尚书》又称《书经》,是一部上古到西周的文献汇集,义理深奥,它的篇章名目繁多,有典、谟、训、诰、誓、命等。

〔历史故事〕

焚书坑儒

焚书坑儒发生在中国古代的秦朝。在秦始皇三十四年(公元前213),齐人淳于越反对当时实行的"郡县制",要求根据古制,分封子弟。丞相李斯反对,并主张禁止百姓私自建立学堂、干扰朝政。秦始皇采纳李斯的建议,下令焚烧《秦记》以外的列国史记,对不属于博士馆私藏的《诗》《书》等也限期交出烧毁;有敢谈论《诗》《书》的处死,议古诽今的灭族;禁止私学,想学法令的人要以官吏为师。此即为"焚书"。第二年,两个术士(修炼功法及炼丹的人)侯生和卢生暗地里诽谤秦始皇后,逃命而去。秦始皇得知此事后大怒,派御史调查,审理下来,犯禁者有四百六十多人,秦始皇下令将四百余人全部坑杀。此即为"坑儒",两件事合称"焚书坑儒"。

我周公，作《周礼》，著六官，存治体。

〔译文〕

西周时周公姬旦写了《周礼》，记载了朝廷设立的天官、地官、春官、夏官、秋官、冬官等六个部门的情况，保存了当时的有关制度。

〔历史故事〕

周公吐哺

周公对待贤人非常有礼貌，每次有贤人来拜访他，如果遇到他正在吃饭，他就赶紧吐出口中的食物，跑去接待客人。史书上记载，周公有时候吃一顿饭会连续三次这样做。周公在辅佐周成王的时候，总是及时妥善地处理政事。有的时候他正在洗头，却发生了重大事件，他就用手握着湿漉漉的头发，赶忙去处理公务。等到公务处理完了，才继续洗头。

大小戴,注《礼记》,
述圣言,礼乐备。

〔译文〕

"大戴"戴德和"小戴"戴圣都曾汇编《礼记》并作了注解,记述了圣人的语言,详细记载了上古的礼乐制度。

〔历史故事〕

亲尝汤药

西汉时期的汉文帝刘恒是汉高祖刘邦的第三个儿子,他从小就奉行孝道,以仁孝之名闻于天下。刘恒的母亲卧病三年期间,他常常衣不解带地守护在母亲的床前;母亲所服的汤药,他亲口尝过后才放心让母亲服用。他在位二十四年,重德治,兴礼仪,注意发展农业,与汉景帝的统治时期被共同称誉为"文景之治"。

曰《国风》,
曰《雅》《颂》,
号四诗,当讽咏。

〔译文〕

《诗经》分为《风》《大雅》《小雅》《颂》四个部分,所以《诗经》号称"四诗",应当诵读吟唱。

〔历史故事〕

牛郎织女

牛郎织女的传说始于《诗经》。传说,有个叫牛郎的小伙子在老牛的帮助下认识了织女,二人互生情意,后织女偷偷下凡,做了牛郎的妻子。两人结婚后,牛郎每日耕地劳作,织女织布贴补家用,两人还生了一男一女两个孩子,一家人生活得很幸福。王母娘娘得知织女嫁给凡人后,就下令把织女带回天上。牛郎于是披上牛皮,用扁担挑着一双儿女追赶织女,眼看就要追上时,王母娘娘拔下金簪,画了一道天河,牛郎和织女被这条天河隔在两岸,只能远远相望。他们的爱情感动了喜鹊,喜鹊飞来,搭成鹊桥,帮助牛郎织女于是在鹊桥上相会。从此以后,每年的七月初七,牛郎和织女都能在喜鹊的帮助下见面。

《诗》既亡,《春秋》作,寓褒贬,别善恶。

〔译文〕

《诗经》在传世过程中佚失不少,于是孔子编写了《春秋》这部史书,他将对历史人物的褒贬寓含在史实的记载之中,以便人们分别善恶。

〔历史故事〕

田忌赛马

春秋时期,齐国的大将田忌很喜欢赛马。有一回,他和齐威王约定赛马。他们商量好,把各自的马分成上、中、下三等。比赛的时候,要上马对上马,中马对中马,下马对下马。由于齐威王每个等级的马都比田忌的马强得多,所以比赛了几次,田忌都失败了。田忌觉得很扫兴,比赛还没有结束,就垂头丧气地离开了赛马场。这时，田忌的好朋友孙膑对他说:"你再同他赛一次,我有办法能让你赢。"田忌半信半疑地回到赛马场。比赛重新开始。孙膑先以下等马对齐威王的上等马,第一局输了。接着,孙膑拿上等马对齐威王的中等马,获胜了一局。第三局比赛,孙膑拿中等马对齐威王的下等马,又战胜了一局。比赛的结果是三局两胜,田忌赢了齐威王。同样的马匹,由于调换了比赛的次序,就得到了完全不同的结果。

三字經

> 三传者，有《公羊》，
> 有《左氏》，有《穀(gǔ)梁》。

〔译文〕

对《春秋》加以注释发挥的史书有公羊高的《公羊传》、左丘明的《左传》、穀梁赤的《穀梁传》，称为"春秋三传"。

〔历史故事〕

孙武操练

孙武迁居到吴国后，吴王想试试孙武的军事才能，就有意将一百八十名年轻宫女交给孙武操练。孙武让吴王的两名宠姬当队长。孙武向宫女们交代了口令之后击鼓传令，宫女们一阵哄笑，队伍乱成一片。孙武再一次下达命令，宫女们只觉得好玩，根本不听命令。孙武下令将两名队长处死。吴王急忙叫人传令不能斩杀王妃，孙武仍然杀了两个王妃。孙武重新操练宫女，这回没人敢不听号令了。

经既明,方读子。
撮(cuō)其要,记其事。

〔译文〕

经书全部读懂后,才能读诸子百家的著作。读这些书时要注意归纳其中的要点,并记熟其中的事例。

〔历史故事〕

牛角挂书

隋炀帝时期,朝政腐败,人民生活在水深火热之中,李密等人发动了农民起义,沉重打击了隋朝统治。相传,李密自幼喜爱读书。有一次,李密骑牛出行时,携带三卷《汉书》,其中二卷装在书袋里,挂在了牛角上,另一卷拿在手中阅读。越国公杨素正巧在路上看见了李密,感到非常惊奇,慢慢地跟在他后面;问:"如此勤奋读书,真是令人佩服。你叫什么名字?"李

三字經

牛角掛書

密认识杨素，立即从牛背上下来参拜。杨素问他看的是什么书，他恭敬地回答说："我看的是《汉书》。"杨素很喜欢李密，于是和他交谈了起来。杨素回家后，对他儿子杨玄感说："我看李密的见识和气度，比你们同龄人强得多。"杨玄感因此倾心结交李密，这件事很快被人们传为佳话。后来，李密参与了杨玄感领导反隋起义。杨玄感兵败后，李密投奔了瓦岗军，并成为瓦岗军的后期领袖。

五子者，有荀扬，
文中子，及老庄。

〔译文〕

书中的"五子"是指荀卿的《荀子》、扬雄的《法言》、王通的《中说》、老子的《道德经》和庄周的《庄子》。

〔历史故事〕

宁做泥龟不做官

战国时期，南方的楚国想壮大自己的力量，攻打北方的国家。楚王听说庄子是一个非常有才能的人，想让庄子辅佐自己治理国家，就派了两位使者去庄子家里请他。两位使者找到庄子的时候，庄子正在河边钓鱼。使者对庄子说："我们楚王听说先生有很高的才能，想请先生担任丞相的职务，希望您能够答应这个请求。"庄子的眼睛一直盯着水面，口中回答道："我听说楚国有一只神奇的乌龟,活了三千多岁。后来楚王把它杀了,把它的壳放在一个精致的竹箱里,然后又用精美的绸缎把它包裹起来,供奉在庙堂之上。现在我想问二位使者一个问题:你们说乌龟是想死了以后被人供奉呢?还是想活着在泥水中拖着尾巴游动呢?"两个使者回答说:"当然是活着了。"庄子一听,就对使者说:"那你们可以回去了,因为我就是一只喜欢拖着尾巴在泥中爬来爬去的乌龟。"

经子通，读诸史，
考世系，知终始。

〔译文〕

经书和子书通晓了，就读各种史书，从中考察各个国朝的世代系统，了解历史事件的始末。

〔历史故事〕

邯郸学步

相传在两千多年前，燕国寿陵地方有一位少年。这位寿陵少年不愁吃不愁穿，论长相也算得上中等，可他就是缺乏自信心，经常无缘无故地感到自己各方面都不如别人。他见什么学什么，学一样丢一样，不知道自己该是什么模样。日子越来越次，他竟怀疑自己的走路姿势出了问题，越看越觉得自己走路的姿势太笨、太丑了。有一天，少年在路上碰到几个人说说笑笑，只听得其中有个人说邯郸人走路姿势很美。少年一听,对上了心病,便跑到遥远的邯郸学走路去了。一到邯郸,他感到处处新鲜,看到小孩走路,他觉得活泼,跟着学;看见老人走路,他觉得稳重,跟着学;看到妇女走路,摇摆多姿,跟着学。就这样,不过半月光景,少年真的连走路也不会了,路费也花光了,只好爬着回去了。

自羲农，至黄帝，
号三皇，居上世。

〔译文〕

从伏羲、神农到黄帝，他们三人号称"三皇"，三皇都是上古社会的皇帝。

〔历史故事〕

伏羲创八卦

在甘肃省天水市的麦积区，有一座卦台山，相传这里就是伏羲画八卦的地方。传说在伏羲生活的远古年代，人们对于大自然一无所知。每当下雨刮风、电闪雷鸣时，人们既害怕又困惑。聪明的伏羲想把这一切都搞清楚，于是他经常站在卦台山上，仰观天上的日月星辰，俯察周围的地形方位，有时还研究飞禽走兽的脚印和兽皮上的花纹。有一天，伏羲又来到了卦台山上，正在苦苦地思索他长期以来观察的现象。突然,他听到一声奇怪的吼声,只见卦台山对面的山洞里跃出一匹龙马。说它是龙马,那是因为这个动物长着龙头马身,身上还有非常奇特的花纹。这匹龙马飞身一跃到了卦台山下渭水河中的一块大石上。这块石头形如太极,配合龙马身上的花纹,顿时让伏羲有所顿悟,在此灵感下伏羲画出了八卦。

唐有虞，号二帝，相揖逊，称盛世。

〔译文〕

唐尧和虞舜号称"二帝"，他们相互谦逊礼让，把帝位传给贤人，他们统治的时代被称为"太平盛世"。

〔历史故事〕

湘妃竹的传说

相传尧舜时代，湖南九嶷山上有九条恶龙，住在九个岩洞里。这九条恶龙经常到湘江来戏水玩乐，以致洪水暴涨，庄稼被冲毁，百姓遭殃。舜帝关心百姓的疾苦，就去南方惩治恶龙。舜帝的两个妃子娥皇和女英由于担心舜帝，便决定到湘江边寻找丈夫。她们翻山越岭，跋山涉水，终于来到了九嶷山。她们找遍了九嶷山的每个山村，踏遍了九嶷山的每条小径，都没找到舜帝。后来,她们又来到了一个名叫三峰石的地方,这里耸立着三块大石头,旁边围绕着翠竹,旁边有一座珍珠贝垒成的高大坟墓。她们感到惊异,便问附近的乡亲这是谁的坟墓,乡亲们含着眼泪告诉她们说:"这是舜帝的坟墓,舜帝斩除了九条恶龙,但因过于劳累病死在了这里。湘江的父老乡亲们为了感激舜帝的厚恩,特地为他修了这座坟墓。"娥皇和女英听后难过极了,二人抱头痛哭起来,一直哭了九天九夜。最后,她们哭出血泪来,泪水洒在九嶷山的竹子上,竹竿上便呈现出点点泪斑,有紫色的,有雪白的,还有血红血红的,人们便将这种竹子改名为"湘妃竹"。

> 夏有禹，商有汤，
> 周文武，称三王。

〔译文〕

夏朝的开国君主叫禹，商朝的开国君主叫汤，周朝有君主周文王和周武王，他们三人号称"三王"。

〔历史故事〕

大禹治水

禹是鲧的儿子。鲧花了九年时间治水，却没有把洪水制伏，于是，临死前嘱咐儿子一定要把水灾制伏。禹改变了父亲一味堵塞的治水方法，他带领群众凿开了龙门，挖通了九条河，经过十年的努力，终于把洪水引到大海里去了，土地又可以供人们种庄稼了。因为治水时，禹和百姓一起劳动，脚长年泡在水里，脚后跟都烂掉了，常常只能拄着棍子走路。百姓也因此更加爱戴禹。传说禹三十多岁还没结婚，一天，他在涂山遇到一个名叫女娇的姑娘，两人互生爱慕之情，便成了亲。禹新婚仅仅四天后，便为了治水到处奔波，三次经过自己的家门，都没有进去。第一次，妻子生了病，没进家去看望。第二次，妻子怀孕了，没进家去看望。第三次，他妻子涂山氏生下了儿子启，婴儿正在哇哇地哭，禹在门外经过，听见哭声，也忍着没进去探望。大禹为了治水三过家门而不入。

> 夏传子,家天下,
> 四百载,迁夏社。

〔译文〕

从夏禹开始将帝位传给儿子而不传给贤人,使天下成为一家的天下,夏朝延续了四百年,在桀王时灭亡。

〔历史故事〕

酒池肉林

夏桀是夏朝的暴君,荒淫无度,为了寻欢作乐,他令人在庭院的树上挂满肉食,称作肉林,又在庭院中挖个大池,其中灌满美酒,称作酒池。他有个妃子名叫妹喜,每逢他与妹喜登上倾宫,就命令三千宫女一起跳舞。舞得累了,就让宫女们到肉林中摘取肉食,趴在池中痛饮。夏桀荒淫暴虐,百姓们对他恨之入骨。

汤伐夏，国号商，
六百载，至纣亡。

〔译文〕

汤王讨伐夏桀而推翻了夏朝，建立新国号称商，前后延续六百年，到纣王时灭亡。

〔历史故事〕

商汤祈雨

相传，商汤建国之后，普天之下曾经七年大旱，一滴雨也没有下，庄稼都长不出来，老百姓生活非常艰难，便用各种各样的方式祈雨，但是始终不下雨。于是，商汤决定亲自祈雨，他来到荥阳西北一个叫桑园村的地方，这里是一大片桑林。成汤自己剪断头发，剪掉指甲，把自己当成献给上天的供品，在桑林边上祈祷。爱民心切的商汤用六件事来责备自己："是不是我没有把政事办好？是不是我过分管治了百姓？是不是我的宫廷过于豪华了？是不是我听信了女人的枕边风？是不是官员中行贿受贿的风气太盛了，我没有管好？是不是好进谗言的小人得势了，我没有察觉？为什么这么长时间都不下雨，庄稼都要旱死了。"结果，商汤的话还没说完，天就下起了大雨，解除了多年来的旱情。

周武王，始诛纣，
八百载，最长久。

〔译文〕

周武王杀掉商纣王后建立周朝，周朝享国共八百余年，是所有王朝中最长久的一个朝代。

〔历史故事〕

姜太公钓鱼，愿者上钩

姜太公又称姜尚，字子牙。他是周攻克商朝的首席谋主、最高军事统帅和西周的开国元勋。姜尚出身低微，前半生非常贫困，但是他却想干出一番大事业。听说西伯姬昌尊贤纳士，快七十岁的姜尚便千里迢迢投奔西歧。但是来到西歧后，他却没有急忙跑到西伯那里毛遂自荐，而是来到渭水北岸的磻溪住了下来。此后，他每日垂钓于渭水之上，等待圣明君主的到来。

姜尚的钓法很奇特：不用诱饵，钓杆也不垂到水里，离水面有三尺高，并且一边钓鱼一边自言自语："姜尚钓鱼，愿者上钩。"当时，姬昌兴周伐纣迫切需要人才，得知姜尚很有才能，他斋食三日，沐浴整衣，抬着聘礼，亲自前往磻溪邀请，并封姜尚为相。姜尚辅佐文王，兴邦立国，帮助姬昌之子周武王姬发，灭掉了商朝。自己也被武王封于齐地，实现了建功立业的愿望。

三字经

周辙东，王纲坠，
逞干戈，尚游说(shui)。

〔译文〕

周朝自从周平王把都城从西北的镐京东迁洛阳之后，朝廷纲纪不修，各诸侯国不听周王命令，互相发动战争，说客们用各种主张到处游说而受到欢迎。

〔历史故事〕

晏子使楚

春秋末期，诸侯都畏惧楚国的强大，小国都前来向楚国朝拜，大国也不敢不与楚国结盟。齐国的相国（即丞相）晏婴奉齐景公之命出使楚国。楚灵王听说齐国的使者是相国晏婴后，对左右说："晏婴身高不足五尺，但是却因为贤德而闻名于诸侯，寡人以为楚强齐弱，应该好好羞辱齐国一番，以扬楚国的威风，如何？"太宰在一旁说:"晏婴善于应对问答,一件事不足以使他受辱,必须依计行事才可。"楚王大悦,依照太宰的计策而行。晏婴身着朝衣,乘车来到了楚国都城东门,见城门未开,便命人唤门,守门人早已得了太宰的吩咐,指着旁边的小门说:"相国还是从这狗洞进出吧,何必费事打开城门从门而入呢?"晏婴听罢,笑了一笑,说:"这可是狗进出的门,又不是人进出的门,出使狗国的人从狗门出入,出使人国的人从人门出入,我不知道自己是来到了人国呢,还是狗国呢?我想楚国不会是一个狗国吧!"守门之人将晏婴的话传给了楚灵王,楚灵王听罢,沉思了一会儿,无可奈何地吩咐守门人打开城门,让晏婴堂堂正正地进入了楚都。

始春秋,终战国,
五霸强,七雄出。

〔译文〕

从春秋时代开始先后有五个强大的霸主,称霸诸侯号令天下;到战国时代,则出现了七大强国争雄的局面。

〔历史故事〕

卧薪尝胆

公元前496年,吴王阖闾派兵攻打越国,但被越国击败,阖闾也伤重身亡,夫差继位为王。此后,越王勾践听说吴国要建水军,不顾范蠡等人的反对,要出兵灭此水军,结果被夫差奇兵包围,大败。这时,范蠡给勾践出策,让他假装投降,日后寻找机会再报仇。三年后,饱受屈辱的勾践终于被放回越国。勾践暗中训练精兵,每日晚上睡觉不用褥,只铺些柴草(古时叫薪），又在屋里挂了一只苦胆，他时不时地会尝尝苦胆的味道，为的就是不忘过去的耻辱。为了鼓励民众，勾践就和王后与百姓一起参与劳动。在越人同心协力之下，越国越来越强大。一次夫差带领全国大部分兵力去赴会，要求勾践也带兵助威，勾践见时机已到，假装赴会，领三千精兵，攻下吴国都城，杀了吴国太子，又抓到了吴王夫差。夫差后悔当初没有听伍子胥的劝告，留下了勾践，结果亡国。

嬴秦氏，始兼并，传二世，楚汉争。

〔译文〕

秦王嬴政吞并了六国，统一了天下，建立了秦王朝，然而只传到他儿子二世皇帝胡亥时就被推翻，西楚霸王项羽和汉王刘邦开始争夺天下。

〔历史故事〕

鹬蚌相争

战国的时候，秦国最强，就常常仗着自己的优势去侵略别的弱国。弱国之间也常常互有摩擦。有一次，赵国声称要攻打燕国。当时，著名的游说之士苏秦有个弟弟叫苏代，也善于游说。苏代受燕王的委托，到赵国去劝阻赵王出兵。到了邯郸，苏代见到了赵惠文王，说："尊敬的大王，如果你一定要攻打燕国，请先听我讲一个故事。"接着,苏代讲述了他的故事。他说这次到赵国来,经过易水的时候,看见一只蚌,正张开双壳,在河边晒太阳。忽然飞来一只水鸟,伸出长嘴去啄蚌的肉。蚌立刻用力合拢它的壳,把水鸟的嘴夹住了。水鸟对蚌说:"不要紧,只要今天不下雨,明天不下雨,你就会被晒死的。等你死了我再吃你的肉。"蚌不服气,回敬水鸟说:"不要紧,只要你的嘴今天拔不出来,明天拔不出来,你也会活不成的。谁吃谁的肉,还说不定呢!"正在它俩争吵的时候,有一个打鱼的人走了过来。那打鱼的人毫不费力地伸手把蚌和水鸟一起捉去了。苏代讲完了故事,然后严肃地对赵惠文王说:"尊敬的大王,听说贵国要发兵攻打燕国。如果真的发兵,那么两国相争的结果,恐怕要让秦国做渔翁了。"赵惠文王觉得苏代的话有道理,便打消了攻打燕国的打算。

高祖兴,汉业建,
至孝平,王莽篡。

〔译文〕

汉高祖刘邦兴起,建立了汉朝的基业,传到孝平帝时,政权被王莽篡夺。

〔历史故事〕

投笔从戎

东汉的班超是班彪的小儿子。班超为人有远大的志向,不计较一些小事情。他在家中孝顺勤谨,辛苦操劳,不以劳动为耻辱。他还粗览了许多历史典籍,能诗会文,能言善辨。永平五年(公元62年),哥哥班固被征召做校书郎,班超和母亲也随同班固到了洛阳。因为家庭贫穷,班超常为官府抄书挣钱来养家。他因为长期抄写,劳苦不堪。有一次,班超停下了手中的活儿,扔了笔感叹道:"大丈夫如果没有

三字經

投筆從戎

更远大的志向,也应像昭帝时期的傅介子、武帝时期的张骞那样,在异地他乡立下大功,以得到封侯,怎么能长期地在笔砚之间忙忙碌碌呢?"旁边的人听到班超的话都嘲笑他,班超说:"无知的人怎么能了解壮士的志向呢!"后来,皇帝听说后任命班超为兰台令史。

光武兴，为东汉。
四百年，终于献。

〔译文〕

汉光武消灭王莽，中兴汉朝，称为东汉。汉朝包括西汉、东汉两个时代共四百多年，在汉献帝时灭亡。

〔历史故事〕

姚崇灭蝗

唐玄宗刚刚做皇帝的时候，任命姚崇担任宰相的职务。那时，唐玄宗只有二十多岁，一心想让国家变得兴盛起来，但是，就在唐玄宗准备大展身手的时候，中原地区却暴发了一场蝗灾。在广阔的土地上，到处都是蝗虫，它们一群一群地飞过，落到哪里，哪里的庄稼就会被全部吃掉。在古代，人们以为蝗灾是上天对人类的惩罚，蝗虫是神仙派来的，老百姓怕得罪上天，都不敢去抓蝗虫，只能到庙里去烧香，请求神仙不要再让蝗虫吃那些庄稼。蝗虫越来越多，庄稼越来越少，人们却一点办法都没有。当地的官员看到蝗灾越来越严重，就向朝廷求救。

唐玄宗知道这件事以后，就问姚崇应该怎么办，姚崇说："蝗灾并不是不能平息的，只要官府带着老百姓全力扑杀蝗虫，蝗灾就可以停止了。"唐玄宗说："人们都说蝗灾是上天对我的惩罚，如果扑杀了蝗虫，那么不就是违抗上天的旨意吗？"姚崇说："古代也发生过很多次蝗灾，汉朝的光武帝刘秀也曾经下过灭蝗的命令，这说明蝗虫根本就不是天灾。如果不管那些蝗虫的话，庄稼就全都完了，老百姓没有吃的，就会四处流浪，到那时，国家就不能保持稳定了。"玄宗听了这些话以后，认为事情很严重，就同意让姚崇主持灭蝗工作。姚崇下了一道命令，让老百姓昼夜都住在田里，白天如果有蝗虫来的话，大家就一起扑打蝗虫，到了晚上，就在天边生起一堆堆篝火，蝗虫看到光亮，就会飞过来，这样，篝火就把蝗虫烧死了，然后在篝火的旁边挖一个大坑，把蝗虫的尸体全都埋进大坑里。只要坚持这样做，蝗灾一定能够被消灭。

三字經

魏蜀吴,争汉鼎,
号三国,迄(qì)两晋。

〔译文〕

刘备的蜀国、曹操的魏国、孙权的吴国,互相争夺汉室江山,这个时代号称三国时代,司马炎灭掉三国建立了晋朝,晋朝又分为西晋和东晋。

〔历史故事〕

刘玄德三顾茅庐

刘备听说诸葛亮很有才能,就和关羽、张飞带着礼物到隆中卧龙岗,请诸葛亮出山辅佐他。恰巧诸葛亮出去了,刘备三人只得失望地回去。不久,刘备又和关羽、张飞冒着大风雪第二次去请,不料诸葛亮又出外闲游了。张飞本不愿意再来,见诸葛亮不在家,就催着要回去。刘备只好留下一封信,表达自己对诸葛亮的敬佩之情,并请他出山帮助自己挽救国家的危险局面。过了一段时间,刘备吃了三天素之后,准备再去请诸葛亮。关羽认为诸葛亮也许是徒有虚名,不用去了。张飞却主张由他一个人去,如他不来,就用绳子把他捆来。刘备把张飞、关羽责备了一番,又和他俩第三次去请诸葛亮。当他们赶到诸葛亮家时,诸葛亮正在睡觉。刘备不敢惊动他,一直站到诸葛亮醒来,才彼此坐下谈话。诸葛亮见刘备有志替国家做事,又被他的诚恳态度所打动,就决定帮助刘备建立蜀汉皇朝。

北元魏，分东西。
宇文周，与高齐。

〔译文〕

与南朝同时存在的统治北方的王朝统称为"北朝"，首先是魏朝，魏朝又分裂为东魏和西魏。此后，高洋消灭东魏建立北齐，宇文觉夺取西魏建立北周。

〔历史故事〕

宇文觉

宇文觉是北周孝闵帝。宇文觉称帝后，军政大权实际上全部掌握在他的堂兄——大司马宇文护手中，宇文护专横跋扈，一部分元老大臣早就对他心生不服。太傅赵贵密谋刺杀宇文护，找太保独孤信商议，独孤信阻止了赵贵，但也没有告发他。后来有人告发了这件事，宇文护立刻杀了赵贵，独孤信也被罢官，不久又被赐死。宇文觉虽然尚未成年，但也想亲自执政，对宇文护的专政十分不满。公元557年，宇文觉联络李植、乙弗凤等大臣，准备借宴请公卿的机会捕杀宇文护，被宇文护发觉，宇文护就把为主的两人贬到地方做官。侥幸留下来的乙弗凤却不死心，加紧谋划，准备由宇文觉设御宴招待群臣，乘机干掉宇文护。但此事又被宇文护获知，宇文护立即召集心腹，将乙弗凤等人一一捕杀，然后逼迫宇文觉退位，废封他为略阳公。一个月后，宇文护又派人暗杀了宇文觉。

二十传,三百载。
梁灭之,国乃改。

〔译文〕

唐朝共传了二十代,立国将近三百年。后被梁王朱温篡位,建立了后梁。

〔历史故事〕

李世民畏魏徵

魏徵以直言敢谏著称,他经常冒犯君主威严当面直言规劝。有时皇上非常生气,魏徵却面不改色、若无其事。魏徵曾告假回家上坟,回来后对皇上说:"据说皇上打算去南山游玩,后来又不去了是什么原因呢?"皇上笑答:"起初确实有这样的打算,但是担心爱卿你责怪,所以就适可而止了。"皇上曾得到一只很好的鹞鹰,放在手臂上把玩,见到魏徵前来,便偷偷藏到怀中。魏徵上奏时故意久久不停,鹞鹰最终闷死在怀中。

三字經

梁唐晋，及汉周，
称五代，皆有由。

〔译文〕

后梁、后唐、后晋、后汉、后周这五个朝代统称为"五代"，它们的建立都各有由来。

〔历史故事〕

正月十五挂红灯

唐朝末期，黄巢带领起义军北上，攻打浑城，但围城三天都攻不下来。黄巢气坏了，指着城楼大骂，扬言攻破城池后一定要杀个鸡犬不留。这时，已经快过年了，又下了一场大雪，黄巢只好先把队伍拉到山里。新年很快过去了，家家都在准备欢庆上元佳节。黄巢想先进城看看虚实，就担上汤圆挑子进了城门。没走多久看到一队人马飞驰而来，当兵的边跑边嚷道："黄巢进城了，有发现卖汤圆的马上报告！"

黄巢知道军中出了叛徒，急忙扔下挑子往东跑，急急忙忙地钻进一个小院，对院里的老人恳求道："老人家行行好，把我藏起来吧。"老人先是一愣，接着点点头答应了。老人刚藏好黄巢，大门就被撞开了，十几个官兵闯了进来，把老头围住，老人冒死骗官兵黄巢并不在这里。官兵走后，黄巢为了报答老人对他说："买几张红纸，扎个灯笼，正月十五挂在房檐上。"黄巢走后，老人把消息传给邻居，一传十，十传百，不久全城穷百姓都知道了，家家买红纸扎灯笼。正月十五这天，黄巢率领大军攻入城里。这时，穷人家门口都挂起了红灯笼，全城灯火通明。凡是挂红灯笼的大门，起义军一律不入；只把贪官污吏、土豪劣绅杀光了。后来，黄巢开仓分粮，还派人给那位老人送去二百两银子。自那以后，每到正月十五，家家户户仍然挂起红灯笼，这个习俗便流传了下来。

炎宋兴,受周禅。
十八传,南北混。

〔译文〕

宋王朝的兴起,是它的开国皇帝赵匡胤接受了后周皇帝的禅让而建立的。宋朝共传了十八代,它又可以分为北宋和南宋两个时期。

〔历史故事〕

胸有成竹

北宋有个大画家叫文与可,他首创了画竹叶时以深墨为面、淡墨为背的写意墨竹,开创了墨竹画派,对后世的画坛影响深远。文与可为了画好竹子可谓是下了一番苦功的。为了画好竹子,他在自己家的房前屋后种上各种各样的竹子,无论春夏秋冬、阴晴风雨,他经常去竹林观察竹子,记录竹子在不同季节的生长情况,一有灵

與可畫竹

感就铺纸研墨,把竹子在纸上。时间一天天过去,竹子在不同季节、不同天气、不同时辰的各种形象都深深地印在他的脑海里了,只要凝神提笔,在画案前一站,平日观察到的形态各异的竹子就好像在眼前晃动一样。所以每次画竹,他都显得非常从容自信,画出的竹子无不栩栩如生。每当人们夸奖他的时候,文与可总是谦虚地说:"我只是把心中琢磨成熟的竹子画下来罢了。"诗人晁补之对文与可的画很有研究,他写过一首诗,其中有两句是:"与可画竹时,胸中有成竹。"

辽与金,帝号纷,
灭辽,宋犹存。

〔译文〕

与宋朝同时存在的还有北方的辽国与金国,他们的首领也都号称皇帝,等到金国消灭了辽国时,宋朝仍然存在。

〔历史故事〕

岳母刺字

岳飞的母亲姚太夫人是古代四大贤母之一。岳飞十五六岁时,北方的金人南侵,宋朝当权者腐败无能,节节败退,国家处在生死存亡的关头。岳飞投军抗辽,临行前,姚太夫人把岳飞叫到跟前,说:"国难当头,你有什么打算?"岳飞回答说:"到前线杀敌,精忠报国!"姚太夫人听了儿子的回答,十分满意,"精忠报国"正是母亲对儿子的希望。她决定把这四个字刺儿子的背上，让他永远铭记在心。岳飞解开上衣，露出脊背，请母亲下针。姚太夫人问："孩子，针刺是很痛的，你怕吗？"岳飞回答母亲说："针刺算不了什么，如果连针都怕，怎么去前线打仗！"姚太夫人先在岳飞背上写了字，然后用绣花针刺了起来。刺完之后，又涂上了一层醋墨。从此，"精忠报国"四个字就永不退色地留在了岳飞的脊背上，而母亲的鼓舞也永远激励着岳飞。

三字经

至元兴,金绪歇。
有宋世,一同灭。

〔译文〕

到了元朝兴起的时候,金国的命运也就终止了。金国被元朝灭亡以后,宋朝同样被元朝消灭了。

〔历史故事〕

文天祥从容就义

宋灭亡后,文天祥也被囚禁。有一次,元世祖忽必烈问大臣们:"南方和北方的宰相,谁最贤能?"群臣奏称:"北方人没有人比得过耶律楚材,南方的人没有人比得过文天祥。"忽必烈下了谕旨,授予文天祥高官厚禄。投降元朝的宋臣都写信劝文天祥投降,文天祥回信说:"我如果接受了这些,将会遗臭万年的。"不久,忽必烈又下令优待文天祥,赐他上等饭食。文天祥请人转告说:"我不吃官饭数年了,现在也不会吃。"忽必烈召见文天祥,当面许他宰相等高职,又被他严辞拒绝,并说:"但愿一死。"文天祥就义那天,举止安详。行刑前,文天祥问明了方向,随即向着南方拜了几拜。监斩官问:"你有什么话要说?回奏尚可免死。"文天祥不再说话,从容就义,终年四十七岁。文天祥曾写下诗句:"人生自古谁无死,留取丹心照汗青。"

三字经

莅中国，兼戎狄，
九十年，国祚(zuò)废。

〔译文〕

蒙古人入主中原，兼并了少数民族地区，传国九十年后，元朝的国运也衰败了。

〔历史故事〕

陆秀夫壮烈殉节

元军攻破南宋都城临安以后，继续向南挺进，丞相陆秀夫带着小皇帝赵昺逃到了广东，但最后还是被元军追上了。陆秀夫觉得已经不能护卫赵昺逃脱，便当机立断，决心以身殉国。他穿上庄圣的朝服，手执利剑，先催促自己的结发妻子跳海，然后又对赵昺说："国事至今一败涂地，陛下当为国死……不可再受他人凌辱。"说完，就用白绸带把小皇帝绑缚在自己的身上，纵身跳入海中。

明太祖，久亲师，传建文，方四祀。

〔译文〕

明太祖朱元璋长期亲自督帅军队血战，消灭了元朝建立了明朝，他的帝位传给了他的孙子朱允炆，但朱允炆只当了四年皇帝。

〔历史故事〕

海瑞上疏

明嘉靖皇帝在位时不理朝政，迷恋丹药，妄求长生，宠信方士，终日不理朝政，朝政日坏，民不聊生。大臣海瑞对此十分不满。竭见首相徐阶，劝其谏君之过，但首相徐阶不敢。海瑞决心自草疏本，昌死谏君。他单独上疏，将嘉靖皇帝所犯的错误全部细数了出来。在此之前，他事先在棺材铺里买好了棺材，并且将自己的家人托付给了一个朋友。嘉靖皇帝读了海瑞上书，十分愤怒，把上书扔在地上，对左右说:"快把他逮起来，不要让他跑掉。"宦官在旁边说:"听说他上书时，自己知道冒犯该死，已经买了一个棺材，和妻子诀别，在朝廷听候治罪，奴仆们也四处奔散没有留下来的。他是不会逃跑的。"

迁北京,永乐嗣,
迨崇祯,煤山逝。

〔译文〕

朱元璋的第四子登上皇位,年号永乐,他将都城从南京迁至北京,等到传到崇祯皇帝朱由检时,李自成攻入北京,朱由检在煤山上吊自杀,明朝从此灭亡。

〔历史故事〕

靖难之役

明太祖为了维护"万世"帝王的美梦,把24个儿子分封到各地做藩王,但藩王势力日益膨胀,严重威胁到了皇帝的权位。明太祖死后,孙子建文帝即位。建文帝采取了一系列削藩措施,损害了各藩王的利益。于是,坐镇北平的燕王朱棣起兵反抗,随后率军南下,史称"靖难之役"。朱棣攻破明朝京城南京后,建文帝在战乱中下落不明。同年，朱棣即位，就是明成祖。第二年，改年号为永乐，改北平为北京。随后朱棣迁都北京，称北京为京师，南京为留都。

清太祖，膺景命，
靖四方，克大定。

〔译文〕

清太祖努尔哈赤，禀承上天的授命，平定女真全境，完成开国的重任。

〔历史故事〕

神鸦户主的传说

有一次，努尔哈赤在攻打明朝军队的时候，一时失误，兵败而山倒。明朝统治者为了斩草除根，派下了精锐的军队，一路追杀努尔哈赤，努尔哈赤无奈仓皇而逃。谁知在慌乱之中努尔哈赤却晕倒在地，眼看明朝大军就要追上来了，努尔哈赤必定会是身首异处。就在这时，一群乌鸦围住了努尔哈赤，仿佛在啄食他的身体。于是明朝元帅以为他已经死了，故撤军。第二天努尔哈赤醒来，却发现自己安然无事，就此逃过一劫。后来，神鸦救主的故事就传开了。

至世祖，乃大同，
十二世，清祚终。

〔译文〕

到了世祖顺治，取得了天下的大同，自清太祖起清代共历十二帝，直到宣统退位告终。

〔历史故事〕

清圣祖的继位与亲政

清圣祖即清朝的康熙皇帝，玄烨。1661年，顺治皇帝驾崩以后，三子玄烨继承皇位。因为玄烨年龄太小，顺治特意安排了四位异姓的辅政大臣，其中，以鳌拜权利最大。鳌拜是有名的满洲勇士，他在清军定鼎中原的过程中立下了赫赫战功，成为辅政大臣以后，鳌拜更是权倾朝野。在打压了其他三位辅政大臣以后，鳌拜的气焰更加嚣张，他完全不把小小年纪的康熙皇帝放在眼里。

康熙帝看到鳌拜的野心越来越大,决定伺机铲除鳌拜。康熙帝每天找一些少年练习摔跤,表面上是醉心玩乐,实际上,康熙帝是在培养自己的势力。在精心谋划以后,一天,康熙帝在召见鳌拜的时候,出其不意,让平时练习摔跤的那些少年制服鳌拜,并立即将其治罪。此后,康熙帝迅速铲除鳌拜的党羽,开始亲政。

读史者,考实录,
通古今,若亲目。

〔译文〕

研读史书的人,须要考究历代君臣之实录,通晓古往今来的历史事件,就像自己亲眼所见一般。

〔历史故事〕

负荆请罪

战国时代,赵惠文王因蔺相如外交有功,拜蔺相如为上卿,官位在大将廉颇之上。廉颇因此很不服气,觉得自己功劳卓著,却位居蔺相如之下,扬言要当面侮辱蔺相如。蔺相如知道后,不愿意和廉颇争位次先后,便处处留意,避让廉颇。有一次,蔺相如乘车外出,远远望见廉颇的车子迎面而来,急忙叫手下人把车赶到小巷里避开。蔺相如手下的人不解,便解释说:

"强横的秦国今天之所以不敢对我们赵国轻易用兵,只是因为赵国有我和廉将军两人。如果我和廉将军两人再像老虎一样相斗,结果必定有一虎受伤,秦国就会趁机侵略赵国。因此,我一再地对廉将军避让。"蔺相如的这番话传到了廉颇的耳中,廉颇深觉惭愧,便脱掉上衣,在背上绑了一根荆杖,到蔺相如家请罪。蔺相如见廉颇态度真诚,便亲自解下他背上的荆杖,请他上座,两人坦诚畅叙,从此誓同生死,成为至交。

三字經

口而诵，心而惟，
朝于斯，夕于斯。

〔译文〕

凡是求学问的人，在读经史子集等书时，都要能熟读成诵，并能在心中思索其中的道理，这才能有所进益，还要不分早晚，勤奋攻读，才能达到融会贯通。

〔历史故事〕

陆羽弃佛从文

唐朝著名学者陆羽，从小是个孤儿，被智积禅师抚养长大。陆羽虽身在庙中，却不愿终日诵经念佛，而是喜欢吟读诗书。陆羽执意下山求学，遭到了禅师的反对。禅师为了给陆羽出难题，同时也是为了更好地教育他，便叫他学习冲茶。在钻研茶艺的过程中，陆羽碰到了一位好心的老婆婆，陆羽在老婆婆的指导下，不仅学会了复杂的泡茶技巧,更学会了不少读书和做人的道理。当陆羽最终将一杯热气腾腾的苦丁茶端到禅师面前时,禅师终于答应了他下山读书的要求。后来,陆羽撰写了广为流传的《茶经》一书,把祖国的茶艺文化发扬光大。

三字经

昔仲尼，师项橐(tuó)，
古圣贤，尚勤学。

〔译文〕

从前圣人孔子曾向七岁的孩子向橐请教，这些古代的圣贤之人，尚且如此勤学好问，那么我们普通人就更应该加倍努力学习才对。

〔历史故事〕

孔子师项橐

孔子和学生赶着马车去楚国，路上，马车被几个小孩用泥土修建的"城池"拦住了。孔子走过去，很礼貌地请他们让路，其中一个名叫项橐的小孩说："您就是孔子吧，听说您是圣人，那么我想请教一下：到底应该是车绕着城池走呢，还是城池给车让路呢？"孔子听了以后，有些佩服这个小孩的机智。小孩又说道："都说您是圣人，那么请问人的眉毛有多少根？"孔子说:"眉毛长在眼睛的上面,根本看不见啊!"小孩说:"那天上的星星总能看到吧,你知道天上一共有多少颗星星吗?"孔子还是回答不上来。小孩又说:"太阳有的时候大,有的时候小,这又是为什么呢?"孔子想了半天,还是回答不上来,就对着小孩鞠了一个躬,然后谦虚地问道:"这些问题我都不知道,我愿意拜你为师,请你告诉我答案。"小孩说:"我现在正在忙,没有时间回答你,你还是赶紧绕道走吧。"孔子听了以后,就让学生赶着马车,绕过了那座"城池",继续向前赶路。

赵中令,读《鲁论》,
彼既仕,学且勤。

〔译文〕

宋朝的中书令赵普一生研读《论语》这本书。在他任宰相之职后,不仅继续学习而且十分勤奋。

〔历史故事〕

凿壁偷光

汉朝的匡衡,小时候非常勤奋好学。由于家里很穷,他白天必须干许多活,挣钱糊口。只有晚上,他才能坐下来安心读书。但是,他又买不起蜡烛,天一黑,就无法看书了。匡衡心痛这样浪费的时间,内心非常痛苦。他的邻居家里很富有,一到晚上好几间屋子都点起蜡烛,把屋子照得通亮。匡衡有一天鼓起勇气,对邻居说:"我晚上想读书,可买不起蜡烛,能否借用你们家的一寸之地呢?"邻居一向瞧不起穷人,就恶毒地挖苦说:"既然穷得买不起蜡烛,还读什么书呢!"匡衡听后非常气愤,他暗下决心,一定要把书读好。匡衡回到家中,悄悄地在墙上凿了个小洞,邻居家的烛光就从这洞中透了过来。他借着这微弱的光线把书全都读完了。自此他想继续多看一些书的愿望更加迫切了。附近有个大户人家,有很多藏书。一天,匡衡卷着铺盖出现在大户人家门前。他对主人说:"请您收留我,我给您家里白干活不要报酬,只是让我阅读您家的书籍就可以了。"主人被他的精神所感动,答应了他的请求。匡衡就这样勤奋地学习着,后来他做了汉元帝的丞相,成为西汉时期有名的学者。

披蒲(pú)编，削竹简，
　彼无书，且知勉。

〔译文〕

汉代的路温舒少年时用蒲草编成席子，把借来的《尚书》抄在上面加以学习；公孙弘少年时削竹片抄录《春秋》来诵读，他们无钱买书，却能勤奋自勉刻苦学习。

〔历史故事〕

韦编三绝

春秋时的书，主要是以竹子为材料制造的，把竹子破成一根根竹签，称为竹简，用火烘干后在上面写字。竹简有一定的长度和宽度，一根竹简只能写一行字，多则几十个，少则八九个。一部书要用许多竹简，这些竹简必须用牢固的绳子之类的东西编连起来才能阅读。像《易经》这样的书，当然是由许许多多竹简编连起来的，因此有相当的重量。孔子一生勤奋好学,据说他到了晚年,特别喜欢阅读《易经》。他首先把《易经》通读了一遍,基本上了解了它的内容。不久又读第二遍,掌握了它的基本要点。接着,他又读第三遍,对其中的精神、实质有了透彻的理解。在这之后,为了深入研究这部书,又为了给弟子们讲解,他不知翻阅了多少遍。这样读来读去,把串连竹简的牛皮带子也给磨断了几次,不得不多次换上新的再使用。

头悬梁，锥刺股，
彼不教，自勤苦。

〔译文〕

晋代的孙敬刻苦学习，为了防止晚上读书打瞌睡而将头发用绳子吊在屋梁上；战国的苏秦读书困倦时就用锥子刺自己的大腿来提神，他们都没有老师来督促，却能自觉地勤学苦练。

〔历史故事〕

苏秦苦读

苏秦曾经跟随鬼谷子学习"合纵""连横"等方面的知识。学成之后，他到秦国去求见秦王，希望能够用"连横"的政策来帮助秦国称霸天下。但是，秦王对苏秦说的事情根本不感兴趣，苏秦在秦国待了好几个月，钱用完了，身上穿的貂皮衣服也都磨得没有毛了，靠着一路上向别人乞

三字經

蘇秦衣錦還鄉

讨才回到家。到了家，妻子不给他缝衣服，嫂子不给他做饭吃，连父母都不认他这个儿子了。苏秦认为这是自己的知识还不够丰富的原因，于是每天都刻苦读书，一感觉到困倦，他就用锥子扎自己的大腿，血一直流到了脚面。就是靠着这种学习精神，苏秦又增长了很多知识。一年之后，苏秦来到赵国，向赵王提出"合纵"的建议，赵王听了以后，十分高兴，便命苏秦担任赵国的丞相，去劝说齐国、燕国、魏国、韩国和楚国的国君，这些国君都十分赞同苏秦的建议，纷纷委以苏秦重任，苏秦也因此干出了一番大事业。

三字經

如囊萤，如映雪，
家虽贫，学不辍。

〔译文〕

像晋朝的车胤学习时没有灯就捉萤火虫装在纱袋里照明读书；像晋朝的孙康没有灯就借着大雪的反光来读书，他们的家境虽然贫寒，但他们从不停止学习。

〔历史故事〕

映雪读书

《映雪读书》讲的是历史人物孙康的故事。孙康年幼时便酷爱学习，经常感到时间不够用，但他家里贫穷，买不起灯油，一到天黑就没有办法读书了。长夜漫漫，孙康躺在床上，辗转反侧地睡不着，于是，他就想了一些办法，比如，白天拼命地多看，晚上躺在床上背诵默念等。有一天夜里，他又睡不着，起来推开门一看，外面竟下了一场大雪，白雪皑皑，整个大地披上了一层银装，闪闪发光。他站在院子里欣赏着雪景，突然心里一动：为什么不能借着雪光来读书呢？所以他赶紧返回屋里取来书，映着满地大雪所反射出来的那点微弱的光，开始读起来。

如负薪，如挂角，
身虽劳，犹苦卓。

〔译文〕

像汉代的朱买臣一边砍柴一边读书，像隋代的李密一边放牛一边读书，他们的身体虽然很劳累，但他们依然能做到发奋苦读。

〔历史故事〕

推敲作诗

唐代诗人贾岛是一位非常痴迷于学习和创作的诗人，有时已到了走火入魔的程度。他第一次去京城考试，有一天在大街上骑着驴赶路，突然想起了两句诗："鸟宿池边树，僧敲月下门。"贾岛既想用这个"敲"字，又想用一个"推"字，但始终不能决定，于是，便一边骑着驴，一边用手做出"推"和"敲"的姿势。正在这时，前面突然冲上来几个人，把贾岛从驴上拉了下来，然后又把他推到了一顶轿子面前。原来，贾岛光想着诗句了，根本没有注意到自己冲撞了京兆府尹韩愈的仪仗队。韩愈也是一位有名的诗人，当他知道贾岛冲撞仪仗队的原因后，就被贾岛这种专注的精神所感动。韩愈想了想，便建议贾岛用"敲"字。然后两个人一个骑着驴，一个骑着马，共同朝着韩愈的家走去，一边走，还一边讨论作诗的学问。

> 苏老泉，二十七，
>   始发愤，读书籍。

〔译文〕

宋朝的苏洵号老泉，他直到二十七岁时才开始发奋读书，后来成为了有名的文学家。

〔历史故事〕

苏洵教子

苏洵从二十七岁发奋读书，经过十年的努力，终于学有所成。苏洵有两个儿子，大儿子名叫苏轼，小儿子名叫苏辙。在自己学习的同时，他还十分注重对两个儿子的教育。苏轼、苏辙两兄弟小的时候和苏洵一样，也不怎么喜欢读书，而且十分顽皮。为了不让儿子像自己一样，苏洵采用了一个有趣的办法来鼓励他们读书。每当两兄弟在一旁玩耍时，苏洵就拿出一本书来看，一边看一边不时地哈哈大笑。苏轼和苏辙看到父亲大笑的样子,认为父亲一定在看一本很有意思的书,就赶紧跑过去,想看一看父亲到底在读什么书。哪知他俩刚一跑过去,苏洵就赶紧把书藏进怀里,这一下就更加引起了兄弟俩的好奇。苏洵读完书以后,故意把书藏在一个很容易找到的地方,然后假装有事出门。兄弟俩一见父亲出去了,就赶紧把那本书"偷"出来,仔细地阅读。就这样,兄弟俩逐渐养成了读书的习惯,并从中体会到了读书的快乐。

彼既老，犹悔迟，
尔小生，宜早思。

〔译文〕

苏洵在年事已高的时候，尚且悔恨年幼时不知读书学习，因而奋发补救；你们这些小孩子，应当趁早努力读书，用心思考问题。

〔历史故事〕

师旷劝学

晋平公七十岁的时候想要学习，但他担心自己的年龄太大了，师旷劝他炳烛而学。师旷打了三个比喻：年少时喜欢学习，像是太阳刚刚出来时的阳光；壮年时喜欢学习，像是正午的阳光；老年时喜欢学习，像是燃着的蜡烛的光亮。师旷很巧妙地点明，老年时读书虽然赶不上少年和壮年时，但与摸黑走路相比较，还是好得多，从而成功地说服了晋平公，达到了劝学的目的。

苦梁灏，八十二，
对大廷，魁多士。

〔译文〕

宋人梁灏在八十二岁高龄时，在朝廷进行的进士考试中，战胜了所有的应考者，夺取了状元。

〔历史故事〕

崔琰读书

袁绍身边有一位门客，名叫崔琰，他从小喜习武艺，到了二十三岁才开始读《论语》《韩诗》，求师学习。由于他刻苦努力，学问也逐渐多起来。后来，崔琰跟随曹操，为曹操出了不少主意。在他做尚书时，曹操想立曹植为嗣子，而崔琰反对，他说："自古以来的规矩是立长子，怎么能立曹植呢？"曹植是崔琰的侄女婿，尽管是亲属，他也不偏袒，曹操十分佩服他的公正。崔琰有个堂弟叫崔林,年轻时既无成就也无名望,亲戚朋友都看不起他,可是崔琰却很器重他。崔琰常对人说:"才能大的人需要长时间才能成器,崔林将来一定会成大器。"后来,崔林果然功成名就。

三字經

彼既成，众称异。
尔小生，宜立志。

〔译文〕

梁灏八十二岁中状元夺魁之后，众人都称赞这是一件了不起的奇事。你们这些小孩子，应当从小立定志向，因为"有志者，事竟成。"

〔历史故事〕

顾炎武读书

顾炎武家是江南望族，祖父和父亲都是明代通晓经书的著名学者。在这样的环境下，他从小就受到熏陶，养成了爱读书的好习惯。两岁开始，父母就教他学习《千字文》了。五岁时，他就能背诵《论语》和《诗经》。七岁那年，因他的婶母尚未过门叔叔就去世了，家人便把顾炎武过继给了婶母，从此婶母便成了他的母亲。婶母也是知书达礼的人，本来就很欣赏顾炎武的才华，现在把他过继给了自己，心中非常高兴。母亲白天纺织，晚上就教顾炎武读书，她把一切希望都寄托在了他身上。一天晚上，母亲还在织布，顾炎武竟然趴在桌子上睡着了，书也掉在了地上。母亲捡书的时候，顾炎武醒了，他看见母亲不高兴，便不好意思地低下了头。母亲决定抓住这个机会好好教育一下顾炎武。母亲问他："你听过《乐羊子妻》的故事吗？"顾炎武回答："没有，请讲给孩儿听吧！"母亲就把乐羊子外出求学却中途而返，他的妻子折断织布机上的梭子以此喻学习的故事，原原本本地告诉了顾炎武。顾炎武知道母亲讲这个故事的用意，她是希望自己在学习上不要放松，并能持之以恒，有所成就啊。顾炎武的心里深感愧疚，恭敬地对母亲说："孩儿知错了，今后我一定专心读书。"

莹八岁，能咏诗，
泌七岁，能赋棋。

〔译文〕

北齐祖莹八岁时就能咏诗成章；唐李泌七岁时就能按皇帝的要求当场吟出写棋的诗句。

〔历史故事〕

祖莹偷读

祖莹小时候特别喜欢读书，经常不分白天黑夜地看书，父母怕他因此弄坏了身体，一到晚上就强迫他熄灯睡觉。祖莹很想看书，又怕父母担心，就等父母睡觉以后，用棉被把窗户和门都遮住，然后再点着油灯，一直读书到天亮。到了十二岁，祖莹跟着一个十分严厉的老师学习，仍然按照以前的办法学习。有一天老师要讲《尚书》，但是因为祖莹房间的窗户和门都被遮住了,一直到天亮,祖莹都不知道。直到同学叫他,他才匆忙抓了一本书去上课。到了老师那里,他才发现自己拿的不是《尚书》,而是别的书。因为老师特别严厉,祖莹怕受到老师的批评,就拿着这本书,假装和同学一起朗读《尚书》,实际上祖莹却是在背诵。尽管这样,祖莹却没有出现一点错误。不过,最后老师还是发现了这个秘密。老师对祖莹十分赞赏,就把他推荐给皇帝,后来祖莹果然被皇帝重用,干出了一番事业。

彼颖悟，人称奇，
尔幼学，当效之。

〔译文〕

祖莹和李泌如此聪颖，人们都称夸赞他们。你们这些年幼的学生，应当以他们为学习的榜样，用心读书，发奋向上。

〔历史故事〕

李泌赋诗

唐玄宗召见九岁的神童李泌时，正在和张说下棋。玄宗笑着让李泌作诗，以考验他的文才，并让他以"方圆动静"为命题，做一首四言诗。张说见李泌太小了，恐怕他不能理解命题的含义，就打比方道："方若棋盘，圆若棋子；动若棋生，静若棋死。"李泌对道："方若行义，圆若用智；动若骋材，静若得意。"唐玄宗大为赞赏。

蔡文姬,能辨琴,
谢道韫(yùn),能咏吟。

〔译文〕

汉代的蔡文姬博学有才,通晓音律;晋代女子谢道韫,幼时曾吟出描绘大雪的绝妙诗句。

〔历史故事〕

文姬归汉

东汉末年,中原战乱。名儒蔡邕的女儿蔡文姬流落在乱军流民之中,被南匈奴的左贤王拯救。继而,蔡文姬与左贤王成婚,生下一儿一女。尽管如此,蔡文姬无时无刻不怀念含冤死去的父亲和遥远的故土,她认为连动物都狐死首丘,更何况是人呢。十二年后,曹操平定了中原。为了在文治声教上做一番事业,曹操特派蔡文姬的表弟董祀与周进一同出使匈奴赎回蔡文姬,以使其继承父亲的事业,续修《汉书》。

彼女子，且聪敏，
尔男子，当自警。

[译文]

蔡文姬和谢道韫都是女子，尚且聪慧，作为男子汉，更应以她们为榜样警醒自己。

[历史故事]

文君当垆

卓文君是西汉著名的才女，是当地富商卓王孙的女儿，自从丈夫去世后就回到娘家居住。当时，许多名士都向她求婚，她却独独看中了穷书生司马相如。司马相如不仅相貌出众，也很有才华，能弹琴作诗，与文君互为知音。文君于是与相如趁夜私奔。文君的父亲知道后很是愤怒，不给他们钱财。二人为了谋生，便开了个小酒铺，文君当垆卖酒，相如打杂。后来，司马相如终于成名于天下。

唐刘晏，方七岁，
举神童，作正字。

〔译文〕

唐代的刘晏七岁时，就因为能吟诗作文受到皇帝称赞，被推举为神童，并被授予翰林院正字的官职。

〔历史故事〕

甘罗十二出使

吕不韦担任秦国丞相，手下有个门客叫甘罗，才十二岁。一次，吕不韦想派张唐到燕国为相，但张唐却因害怕而推辞不去。甘罗听后就自荐去说服张唐。到了张唐家，甘罗开口就对张唐说："我来给你吊丧。"张唐听了大怒："你这个小孩子，我家又没死人，你来吊什么丧？"甘罗笑道："我可不敢胡说啊！请问，你和武安君白起相比，谁的功劳更大啊？"张唐连忙答道：

"武安君英勇善战,功绩显赫,我怎么敢和他相比啊?"甘罗又问:"应侯范雎和文信侯相比,谁更专权独断啊?"应侯是秦国以前的一位丞相,文信侯即吕不韦。张唐答道:"应侯当然不如文信侯专权独断啦!"甘罗听了笑道:"既然如此,那你为何还推辞不去燕国呢?我听说,应侯想攻打赵国的时候,武安君反对他,离开咸阳七里就被应侯派人赐死。像武安君这样的人尚且不能被应侯所容忍,你想文信侯会容忍你吗?"张唐听了这话,不由得直冒冷汗。甘罗见状又说:"如果你愿意去燕国,我将替你先去看看情况。"张唐连忙称谢答应了。

彼虽幼，身已仕，
尔幼学，勉而致。
有为者，亦若是。

〔译文〕

刘晏年纪虽然幼小，但已身居官位，你们这些年幼的学生，只要勤勉学习也能达到这样的成就。有所作为的人，也都是像上面所列举的这些古人一样。

〔历史故事〕

刘晏正字

刘晏七岁的时候，被授予翰林院正字的官职，他的具体工作就是校对古书，从书里找出错字并进行改正。有一天刘晏受到唐玄宗的召见，唐玄宗看着眼前这个只有十岁的小孩，就想考考他："你现在担任翰林院正字的官职，那么我问问你，你现在改正了多少个字了？"刘晏想了想，大声回答道:"四书五经里的错字都被我改正了,只有一个'朋'字,我还改不过来。""朋"字在古代有"互相勾结起来做坏事"的意思。刘晏之所以这么说,就是因为当时朝中有的大臣互相勾结,做了很多坏事。刘晏就是要用这个"朋"字进谏,提醒唐玄宗要远离奸臣,亲近忠臣。唐玄宗听了以后很受感动,当即赏赐了刘晏。刘晏长大以后,成为主管财政的宰相,他推行了一系列的经济改革,使"安史之乱"以后的唐朝经济在一定程度上得到了恢复。

犬守夜，鸡司晨，
苟不学，曷(hé)为人？

〔译文〕

狗能够为主人守夜看家，公鸡知道早晨报晓；一个人如果不读书学习，怎么能好好做人呢？

〔历史故事〕

王羲之教子习书

王献之是王羲之的第七个儿子，自幼聪明好学。他七八岁时开始学习书法，师承父亲。一天，小献之问母亲郗氏："我只要再写上三年就行了吧？"妈妈摇摇头。"五年总行了吧？"妈妈又摇摇头。献之急了，冲着妈妈说："那您说究竟要多长时间？""你要记住，写完院里这十八缸水，你的字才会有筋有骨，有血有肉。"献之一回头，原来父亲站在了他的背后。王献之心中不服，一咬牙又练了五年，把一大堆写好的字给父亲看，希望听到几句表扬的话。谁知，王羲之一张张掀过，一个劲儿地摇头。掀到一个"大"字，父亲现出了较满意的表情，随手在"大"字下填了一个点，然后把字稿全部退还给献之。小献之心中仍然不服，又将全部习字抱给母亲看，母亲认真地看了三天，最后指着王羲之在"大"字下加的那个点儿，叹了口气说："吾儿磨尽三缸水，唯有一点似羲之。"献之听完心服口服，又锲而不舍地练了下去。功夫不负有心人，王献之练字用尽了十八大缸水，在书法上突飞猛进。后来，王献之的字也达到了炉火纯青的程度，他的字和父亲王羲之的字并列，被人们称为"二王"。

蚕吐丝,蜂酿蜜。
人不学,不如物。

〔译文〕

蚕能够吐丝供人纺织丝绸,蜂能够酿蜜供人食用。一个人如果不学习,就连这些小动物都不如了。

〔历史故事〕

孔鲤过庭

孔子的儿子名叫孔鲤,孔子对他的教育非常严格。有一天,孔子站在家中的院子里,正好孔鲤从房间里出来,孔子就对孔鲤说:"你过来一下,我问你,今天学习《诗经》了吗?"孔鲤不敢欺骗父亲,老老实实地回答说:"没有。"孔子十分严肃地对孔鲤说道:"不学习《诗经》,就不知道应该怎么样说话。"孔鲤听了以后,马上惭愧地回到自己的房间,刻苦学习《诗经》。过了一段时间,孔鲤从院子里经过时又遇到了孔子,孔子说:"站住,我问你,今天学习《礼》了吗?"孔鲤又一次羞愧地回答道:"没有。"孔子说:"不学习《礼》,就不知道怎样做人。"孔鲤听了以后,马上回到自己的房间,刻苦学习《礼》。正是在孔子这样的严格要求下,孔鲤学到了很多知识。不幸的是,孔鲤由于身体不好,还没有做出一番事业就去世了。后来,人们将父亲教育儿子统称为"庭训"或者"过庭语"。

幼而学，壮而行，
上致君，下泽民。

〔译文〕

年幼时读书学习，以后能将学到的知识用到干事业中去，对上可以辅助君主治理国家，对下可以给百姓带来恩泽。

〔历史故事〕

为中华之崛起而读书！

周恩来在沈阳读书的时候，只是个十二三岁的少年。他学习非常勤奋刻苦，常常和老师同学一起讨论自己在阅读书报时思考的问题。当时目睹国家的萎靡不振，他们讨论最多的是怎样发奋图强以救国的问题。一天，学堂的魏校长把同学们召集起来，问大家："读书是为了什么？"有的同学说："为了给自己将来找条出路。"有的同学说："为了能发财致富。"还有个同学说:"为了帮助父母记账。"原来他的父亲是个商人。当魏校长问到周恩来时,周恩来站起来,大声地说:"为中华之崛起而读书。"意思是为了中华民族像巨人一样挺立在世界而读书。魏校长赞许地说道:"有志气的人,就应当向周恩来同学学习啊!"后来,周恩来把毕生的精力都投入到中华民族的独立和复兴中,为中华崛起这个目标而孜孜不倦地努力着,一直到生命停止。而周恩来也受到了全体中国人民由衷的尊敬和爱戴,活在所有中国人的心中。

> 扬名声，显父母，
> 光于前，裕于后。

〔译文〕

使自己的名声远扬，让父母感到荣耀，给祖先带来光彩，为后代留下富裕。

〔历史故事〕

爱国诗人屈原

屈原是中国文学史上第一个伟大而杰出的浪漫主义诗人，后人将他的作品整理成册，称为《楚辞》。《离骚》是其中最长的一首抒情诗，共373句，2777字，诗中叙述了诗人为实现自己的政治主张所遭受的打击和迫害，深刻表达了自己内心的痛苦及对祖国和人民忠贞不渝的感情。屈原在长期的流放中，遭受了许多磨难，日渐憔悴，但依旧关注着祖国的命运。一天，他在河畔一边行走一边吟诗，遇到一个打鱼的隐者,隐者见他面色憔悴、形容枯槁,就劝他与其受苦,不如和权贵们同流合污。但是屈原始终没有听从隐者的建议。后来楚国的都城被秦兵攻破,屈原在精神上受到了极大的打击。眼看国破家亡,自己却无能为力,他忧心如焚,在极端失望和痛苦中,来到了汨罗江,抱石自沉。屈原死时大约六十二岁,正是农历五月初五。后来,人们为了纪念这位伟大的爱国诗人,每到五月初五端午节这天,都要在江河里划龙舟,并把粽子系上五彩丝线投入江中。两千多年过去了,屈原的精神永远存活了下来,世代相传。

人遗子，金满籯(yíng)，
我教子，唯一经。

〔译文〕

人们习惯留给自己的子弟许多金钱，我教育子弟则只希望他能精通经书。

〔历史故事〕

闻鸡起舞

晋代的祖逖是个胸怀坦荡，具有远大抱负的人，可他小的时候却是个不爱读书的淘气孩子。进入青年时期，祖逖意识到自己知识的贫乏，深感不读书无以报效国家，于是就发奋读起书来。他与儿时的好友刘琨感情深厚，不仅常常同床而卧，同被而眠，而且还有着共同的远大理想：建功立业，复兴晋国，成为国家的栋梁之才。一次，半夜里祖逖在睡梦中听到公鸡的鸣叫声，就一脚把刘琨踢醒，对他说："你听见鸡叫了吗?"刘琨说:"半夜听见鸡叫不吉利。""我偏不这样想,咱们干脆以后听见鸡叫就起床练剑如何?"刘琨欣然同意。于是他们每天鸡叫后就起床练剑。春去冬来,寒来暑往,从不间断。功夫不负有心人,经过长期的刻苦学习和训练,他们终于成为能文能武的全才,既能写得一手好文章,又能带兵打仗。祖逖被封为镇西将军,实现了报效国家的愿望;刘琨做了征北中郎将,也充分发挥了他的文才武略。

勤有功，戏无益。
戒之哉，宜勉力。

〔译文〕

勤奋学习一定会获得收获，游戏懒惰绝对没有益处。这一点要特别注意，应当不断勉励自己。

〔历史故事〕

一曝十寒

战国时代，百家争鸣，孟子也是当时的一个著名辩士。有一次，孟子对齐王的昏庸很不满，便不客气地对他说："大王也太不明智了，天下虽有生命力很强的生物，可是你把它在阳光下暴晒一天，又放在阴寒的地方冻了它十天，它哪里还活得成呢！我跟大王在一起的时间是很短的，大王即使有了一点从善的决心，可是我一离开你，那些奸臣又会来哄骗你，你又会听信他们的话,叫我怎么办呢?"接着,他便打了一个生动的比喻:"下棋看起来是件小事,但假使你不专心致志,也同样学不好,下不赢。弈秋是全国最善下棋的能手,他教了两个徒弟,其中一个专心致志,处处听弈秋的指导;另一个却总想着有天鹅飞来,准备用箭射天鹅。两个徒弟是一个师傅教的,一起学的,然而后者的成绩却差得很远。这不是他们的智力有什么区别,而是专心的程度不一样啊!"

后 记

巾箱本，灵感来源于古时文人的精致小书卷。偷得浮生半日闲，庭院深处，卧榻画屏散读几页，甚是有趣可爱。原来在我们的祖先那里，读书也并非只是书斋里的"圣贤事"，同样是生活中美的体验与享受。

即使在现代，这种追求悠适的审美体验与享受也从未间断过。可惜的是，我们这个时代没有提供中国文化现代审美精品给大众。那些历经千百年或遒劲有力或婉转清丽的雕版汉字，那些繁复工序抄造的纹路质朴自然的手工宣纸，朱红、靛蓝、墨黑的组合承载了多少文化的美感，却被尘封在了故纸堆中。我们的巾箱本系列，希望给大家一种启迪，从年轻人的角度再次去审视、探究中国文化的审美，期许能挖掘出最有时代价值、最纯真的审美感动与享受。

希望我们的愿景和努力能为传统文化带来当代的审美，别样的阅读。

关于本书的版本甄选，巾箱本《三字经》宣纸线装本依清光绪京都书经堂刻本影印，清末私刻书坊书经堂歙西刻工，版式疏朗，着墨、刻印精良。此本为幼学读物首选。

巾箱本《三字经》平装本，以南宋王应麟著，民国学者章太炎重修订后形成的通行本为底本。其内容与书经堂刻本有些许不同，皆因版本流变所致。

最后，感谢崇贤书院的傅璇琮、任德山、毛佩琦等多位著名学者，郑连杰等艺术家，以及协力巾箱本系列出版的藏书家、藏书楼和各大图书馆，正是他们的倾心指导，才使得本系列得以顺利付梓出版。

图书在版编目（CIP）数据

清光绪宝书堂板三字经 / 王应麟著 ；崇贤书院释译. -- 北京：北京联合出版公司，2014.6
（巾箱本）
ISBN 978-7-5502-2901-3

Ⅰ. ①清… Ⅱ. ①王… ②崇… Ⅲ. ①古汉语-启蒙读物 Ⅳ. ①H194.1

中国版本图书馆CIP数据核字(2014)第084122号

书　　名	清光绪宝书堂板三字经
著　　者	王应麟　崇贤书院
责任编辑	徐秀琴　郎　朗
出版发行	北京联合出版公司
地　　址	北京市西城区德外大街八十三号楼九层 邮编：100088
策划经销	北京崇贤馆世纪文化传媒有限公司 北京市朝阳区建外SOHO西区 15号楼1层1515号，邮编：100022
印　　刷	河北华宝古籍印刷有限公司
开　　本	32开
印　　张	平装本：5.5印张　　宣纸本：59筒页
字　　数	88千字
版　　次	2014年6月第1版　2014年9月第1次印刷
标准书号	ISBN 978-7-5502-2901-3
定　　价	148.00元

（本书凡印装错误可向承印厂调换，电话：010—57749789）

丛书主编

李克,一九六三年生于北京。一九八五年毕业于北京大学中文系。在中华书局从事编辑工作八年,后期负责《国务院古籍整理简报》的编辑和出版。一九九七年任智品图书(北京)有限公司董事长兼总编辑。先后策划和主编有《唐宋八大家全集》《康熙字典》《说文解字》《中国历代碑刻书法全集》《中国通史大辞典》等出版项目。一九九九年与志同道合者复立崇贤馆。

执行策划:郎　朗
特约编辑:路　茸
封面设计:李梓萌

崇贤馆微信

崇贤馆微博

崇贤馆天猫店

古代巾箱本指中国古时刻印开本极小、可以装在巾箱里的书本。《北堂书钞》卷一三五"王母巾箱"条引《汉武内传》,说"帝见王母巾箱中有一卷小书,盛以紫锦之囊"。这里所说的"巾箱"即是古人放置头巾的小箱,而可放入随身携带巾箱中的袖珍版小书,即称巾箱本。

巾箱本,具有这种袖珍样式并便携的特点,因其被置于巾箱中,则见巾箱本并非主人仅限于书房阅览,而更是于闲暇休憩间随手翻阅品读的小书,亦可能是主人极为珍视、须臾不可离的珍爱之作。

ISBN 978-7-5502-2901-3

全两册 定价:148.00元